# 贸易自由化与中国制造业企业技术创新

巫雪芬 著

中国商务出版社

·北京·

图书在版编目（CIP）数据

贸易自由化与中国制造业企业技术创新 = Trade
Liberalization and Technological Innovation of
Chinese Manufacturing Enterprises / 巫雪芬著.
北京：中国商务出版社，2024.11. -- ISBN 978-7
-5103-5363-5

Ⅰ．F426.4

中国国家版本馆CIP数据核字第2024W9A065号

# 贸易自由化与中国制造业企业技术创新

巫雪芬　著

出版发行：中国商务出版社有限公司

地　　址：北京市东城区安定门外大街东后巷 28 号　　邮编：100710

网　　址：http://www.cctpress.com

联系电话：010-64515150（发行部）　010-64212247（总编室）
　　　　　010-64243016（事业部）　010-64248236（印制部）

策划编辑：刘姝辰

责任编辑：韩冰

排　　版：德州华朔广告有限公司

印　　刷：北京明达祥瑞文化传媒有限责任公司

开　　本：710 毫米×1000 毫米　1/16

印　　张：12.5　　　　　　　　　　　　字　　数：195 千字

版　　次：2024 年 11 月第 1 版　　　　　印　　次：2024 年 11 月第 1 次印刷

书　　号：ISBN 978-7-5103-5363-5

定　　价：80.00 元

# 前　言

　　发展新质生产力是推动高质量发展的内在要求和重要着力点，新质生产力的显著特点是创新。贸易与创新的关系向来是国际经济学领域的研究热点。本书在总结中国对外贸易和技术创新的发展特征的基础上，结合前人研究成果，构建贸易自由化影响企业技术创新的分析框架，基于1998—2015年共18年的中国制造行业的长周期、大规模的微观企业数据，采用双重差分法、工具变量法、普通最小二乘法和倾向得分匹配—双重差分法等多种计量方法，从进口竞争加剧、中间品进口贸易自由化和出口贸易自由化3个方面，实证分析贸易自由化如何影响中国制造业企业技术创新的"量"和"质"，从而为更高水平开放型经济新体制下贸易政策的调整和创新政策的制定提供参考依据。本书的创新点在于从"量"与"质"两个角度剖析国际贸易对微观企业的创新影响；在研究内容上，从进口竞争加剧、中间品进口贸易自由化和出口贸易自由化3个方面系统地考察贸易自由化对技术创新的影响；在时间跨度上，采用长周期数据，以更准确地揭示进出口对创新影响的内在规律。本书的研究思路总体按照"研究概述—现实考察—分析框架构建—实证分析—政策引申"的逻辑顺序展开，主要内容包括以下5个方面。

　　第一，中国贸易开放和技术创新发展的现实考察。系统梳理新中国成立以来不同发展阶段中国对外贸易和技术创新的发展特征，并对两者关系作初步的定性分析。

　　第二，贸易自由化影响企业技术创新基础理论和分析框架的构建。结合前人研究成果,从最终品进口贸易自由化引致的进口竞争加剧、中间品进口贸易自由化和出口贸易自由化3个方面系统地探讨贸易自由化的创新效应。

第三,最终品进口贸易自由化引致的进口竞争加剧对企业技术创新影响的实证分析。将中国加入WTO视为一个准自然实验,基于加入WTO后行业间进口关税削减程度的差异构建双重差分模型,实证检验进口竞争加剧对中国制造业企业创新规模和创新质量的影响。结合异质性企业贸易理论,进一步分析进口竞争加剧对不同生产率水平、补贴收入、贸易方式和地理位置等企业的创新效应。

第四,中间品进口贸易自由化对企业技术创新影响的实证研究。采用中国工业企业库、海关统计库和企业专利数据的匹配数据,探讨中间品贸易自由化对企业进口中间品的作用,并从进口金额和进口种类两个角度研究中间品进口对企业技术创新的影响,引入中间品进口关税作为工具变量以缓解内生性问题。此外,进一步考察技术吸收能力对中间品进口与技术创新的调节作用,并构建中介效应模型,探讨中间品进口对企业技术创新影响的作用机制。

第五,出口贸易自由化对企业技术创新影响的经验研究。先分析出口贸易自由化对企业出口的影响,然后运用普通最小二乘法考察出口与企业技术创新的关系,最后重点采用倾向得分匹配—双重差分法评估出口与企业技术创新的因果联系。结合企业所处行业、经营规模、贸易方式和出口前研发等企业特征,进一步挖掘出口对异质性企业技术创新的影响。

在理论分析和实证检验的基础上,本书得出如下主要结论。

(1)进口竞争的加剧在总体上阻碍了企业创新规模的扩大;但进口竞争的压力促进了高生产率企业扩大创新规模和提升创新质量,进而推动产业内部的结构调整。一方面，进口竞争的加剧在总体上对企业创新规模存在负面影响，且结论较为稳健；异质性分析显示，企业生产率水平直接影响进口竞争的创新效应。当企业的全要素生产率高于某一门槛值时，进口竞争的加剧反而会促进其创新规模的扩大，且进口竞争的加剧对企业创新规模的不利影响在低补贴收入、一般贸易企业和东部地区企业中更为突出；地区制度环境会强化进口竞争加剧对企业创新规模的不利影响。另一方面，进口竞争加剧在总体上对企业创新质量的影响并不显著；且对企业异质性的研究表明，进口竞争的加剧对高生产率、高补贴企业的创新质量的负面影响更小；对于全要素生产率高于某一门槛值的企业样本，进口竞争的加剧反而促进了企业创新质量的提升。

（2）中间品贸易自由化显著促进了企业的中间品进口。中间品进口从数量和种类两个方面推动了企业创新规模的扩大，但仅从种类上促进了企业创新质量的提升。研发激励效应是其中重要的传导机制。从创新规模来看，企业中间品进口金额的增加和进口种类的增多均会提高企业发明专利的申请量。这一结论在稳健性检验后仍然成立。初级产品、半成品、零部件及资本品进口金额的增加和进口种类的扩张均有助于企业创新规模的扩大。企业的贸易方式、所处地域和所属行业技术水平都是影响进口中间品作用于企业创新规模的重要因素。企业的技术吸收能力正向调节中间品进口数量与企业创新规模之间的关系；进口中间品主要通过技术溢出效应和研发激励效应促进企业创新规模扩大。从创新质量来看，中间品进口种类的增多提高了企业发明专利的质量；异质性分析表明，半成品的进口显著提升了企业创新质量，中间品进口种类的创新质量提升效应在一般贸易企业、东部地区企业和高技术行业企业中更加显著；中间品进口种类对企业创新质量的促进作用是通过技术外溢效应、技术互补效应和研发激励效应实现的，且研发激励效应是最主要的传导机制。

（3）出口贸易自由化推动了企业出口量的增加；出口参与对企业创新规模存在显著的正向效应，对创新质量的促进作用仅存在于高技术行业企业；且出口的创新效应受出口前研发的影响。一方面，出口对企业创新规模具有显著的促进作用。该促进作用在高技术行业企业、大型企业、非加工贸易企业中更加突出。出口前进行研发的企业在出口后更能实现创新规模的扩大；且随着出口前研发持续时间的增加，出口对企业创新规模的促进效应大体呈上升趋势。另一方面，尽管出口对企业创新质量的影响总体上不显著，但对高技术行业企业的创新质量仍存在明显的促进作用。对于出口前研发持续时间长短不同的样本企业，出口均能促进企业创新质量的提升。该促进效应在有5年出口前研发的样本企业中最明显。

（4）企业自主研发会放大贸易自由化对企业技术创新的正向效应。无论是进口竞争加剧了对高生产率企业的技术创新倒逼，抑或中间品进口对企业的研发激励效应，还是出口前研发在提升出口企业创新质量方面的重要作用，都表明企业通过贸易自由化获得创新质量的提升，归根结底依赖于自主研发。

综合本书研究结果，可以得到以下的政策启示：一是扩大进口，以推动产业结构调整，促进创新资源优化配置。继续积极扩大进口，完善市场主体淘汰和退出机制，推动进口竞争加剧过程中优质企业的创新胜出和落后企业的淘汰退出，实现行业层面的创新质量提升。二是优化进口结构，丰富进口种类，加大高质量中间品的进口力度。持续提高中间品进口便利化水平；结合中国的高质量发展诉求，充分发挥进口中间品对企业自主研发的激励效应。三是持续优化出口产品结构，积极扩大高新技术产品出口。继续推动全方位对外开放；积极引导和帮扶高技术行业企业加大高质量产品的对外输出，推动制造业迈向全球价值链的中高端环节。四是不断完善创新政策和创新体系，激发企业自主创新活力。采取有针对性的财税政策激励企业加大研发投入，放大贸易自由化对微观企业技术创新的正向效应，助推企业技术创新水平由"量"的积累转向"质"的跃升。五是靶向施策，增强区域间和企业间创新发展的协同性与平衡性。立足于地区发展特点，因地制宜实施差异化的对外贸易和创新政策，结合企业的生产率水平、经营规模、贸易方式和所处行业的技术水平与成熟程度，实施有针对性的创新激励政策。

本书的出版得到江西省社会科学基金项目"数字经济驱动江西省制造业企业技术创新的路径研究"（24YJ13）、国家自然科学基金项目"自贸试验区影响地区生态环境：机理逻辑、多元效应与个案识别"（72363023）、江西省高校人文社科项目"数字经济赋能江西先进制造业发展研究"（JJ22228）的资助。在研究过程中参考了许多学者的文章、书籍等，在此对诸位学者表示衷心感谢。

编者<br>2024 年 7 月

# 目　录

# 1 绪 论

# 1.1 研究背景和研究意义

## 1.1.1 研究背景

当今世界正经历百年未有之大变局，国际形势错综复杂，国际竞争日趋白热化；与此同时，不断攀升的全球经济和政策不确定性风险加剧了各国经济下行压力，带来的负面冲击逐步向微观层面传导扩散。从我国看，在经过改革开放40余年的高速增长后，中国全面建成小康社会，基本实现工业化（黄群慧，2021）。传统的资本红利、人口红利和自然资源红利逐渐削减，中国经济已由高速增长阶段转向高质量发展阶段。随着供给侧结构性改革和新一轮改革开放的深入推进，目前中国经济正由传统的数量、规模和要素驱动的发展模式向质量、结构和创新驱动的发展模式转变。创新成为引领中国经济高质量发展的第一动力，创新驱动已成为中国经济发展的重大议题。2012年，党的十八大提出，"科技创新是提高社会生产力和综合国力的战略支撑，必须摆在国家发展全局的核心位置"，并作出实施创新驱动发展战略的重大部署。2015年10月，党的十八届五中全会首次提出创新、协调、绿色、开放、共享的新发展理念，并将创新摆在国家发展全局的核心位置。2016年，中共中央、国务院发布《国家创新驱动发展战略纲要》；2021年，习近平总书记在世界经济论坛"达沃斯议程"对话会上指出，"科技创新是人类社会发展的重要引擎，是应对许多全球性挑战的有力武器，也是中国构建新发展格局、实现高质量发展的必由之路"[①]。2022年，党的二十大报告明确提出，"坚持创新在我国现代化建设全局中的核心地位"。2024年5月，习近平总书记在中共中央政治局第十一次集体学习时强调，"发展新质生产力是推动高质量发展的内在要求和重要着力点，新质生产力的显著特点是创新"。综上所述，创新已经被提升到前所未有的战略高度。技术创新能力的提升不仅有

---

① 习近平在世界经济论坛"达沃斯议程"对话会上的特别致辞[EB/OL].（2021-01-25）[2024-06-20]. http://www.gov.cn/xinwen/2021/01-25/content_5582475.htm.

助于加快满足人民日益增长的美好生活需要，还有利于推动产业结构优化升级，塑造中国制造业国际竞争新优势，推动中国经济高质量发展。技术创新也是我国能否成功跨越"中等收入陷阱"、实现经济长期稳定增长的关键力量（龚刚等，2017；Wei et al.，2017；中国社会科学院经济研究所课题组等，2023）。

在经济全球化时代，一国技术进步和创新能力的提高与贸易伙伴国息息相关。国际贸易与技术创新的关系也一直是产业经济学和国际经济学领域的重要研究内容。国际贸易通过推动货物、资本和技术在国际的快速流动影响了各国微观主体的创新活动。回顾中国的贸易自由化进程，加入世界贸易组织（World Trade Organization，以下简称"世贸组织"或WTO）具有里程碑式的意义。根据历年《中国统计年鉴》，加入WTO后，中国的进出口贸易呈迅猛发展趋势，货物出口总额从2001年的2.20万亿元增长至2015年的14.12万亿元，年均增长率高达14.20%；货物进口总额从2001年的2.02万亿元增长至2015年的10.43万亿元，年均增长率达12.44%。2001—2015年，中国的货物贸易顺差从0.18万亿元增长至3.69万亿元，货物进出口总额世界排名从第六名跃升至第一名。2015年，中国的货物出口总额和进口总额占世界比重分别为13.80%和10.03%。中国成为名副其实的"出口大国"和"进口大国"。与此同时，中国的技术创新水平也在持续提升，专利成果更是呈现爆炸式增长。历年《中国统计年鉴》数据显示，2001年，中国加总的专利申请受理量为20.36万件，其中代表高技术水平的发明专利受理量为6.32万件；2015年，中国加总的专利申请受理量增加至279.85万件，是2001年的13.75倍，其中发明专利受理量达110.19万件，是2001年的17.44倍。从企业的专利研发数据看，2001年，国内工矿企业的专利申请受理量为5.13万件，其中发明专利申请受理量仅为0.94万件；2015年，国内企业的专利申请受理量高达156.58万件，其中发明专利申请量为58.25万件[①]。值得注意的

---

①《中国统计年鉴2002》在统计2001年国内专利申请受理量时，将专利申请主体划分为大专院校、科研单位、工矿企业、机关团体4类；《中国统计年鉴2016》则将2015年国内专利申请主体划分为大专院校、科研单位、企业、机关团体4类。可见，2001年工矿企业的专利申请受理量与2015年企业的专利申请受理量统计口径完全一致，数据具有可比性。

是，对外贸易快速发展的地区拥有更高份额的专利产出。2015年，进出口总额位居中国前五的地区分别是广东、江苏、上海、浙江和北京。上述5个地区的进出口贸易额占中国贸易总额的比重高达67.89%。同时，这5个地区的规模以上企业还拥有超过一半的全国专利申请量和发明专利申请量。整体来看，加入WTO后中国的进出口贸易和专利产出呈同步增长的发展趋势，且两者在地域分布上也具有较强的一致性。这是否意味着进出口是影响企业技术创新的重要因素？

后金融危机时代，部分发达国家的"逆全球化"思潮迭起，全球单边主义和贸易保护主义有所抬头，经济全球化和国际规则重构面临严峻挑战。在此背景下，中国仍坚持采取多种措施扩大对外开放力度。党的十八大以来，习近平总书记多次提出提高开放型经济水平。2013—2023年，包括中国（上海）自由贸易试验区、中国（广东）自由贸易试验区、中国（天津）自由贸易试验区等在内的22个中国自由贸易试验区陆续获批成立，成为中国对外开放的新高地，促进国内市场形成了东西南北中协调、陆海统筹的开放态势。2017年，党的十九大鲜明地指出，"推动形成全面开放新格局"。在2018年举办的博鳌亚洲论坛中，习近平总书记明确提出"中国开放的大门不会关闭，只会越开越大"[①]；同年中央经济工作会议提出做好"六稳"工作，其中稳外贸和稳外资是"六稳"的重要内容。2019年，在石家庄等24个城市设立了跨境电子商务综合试验区；同年中央经济工作会议进一步提出，要"以创新驱动和改革开放为两个轮子，全面提高经济整体竞争力，加快现代化经济体系建设"。2020年，《海南自由贸易港建设总体方案》的正式发布、10个进口贸易促进创新示范区的设立、《区域全面经济伙伴关系协定》（RCEP）的正式签署等一系列事件表明，中国正在全方位地推进更高水平对外开放。党的二十大报告也指出，必须"坚持深化改革开放"，要"深入推进改革创新，坚定不移扩大开放"。对外开放是我国一项长期的基本国策，在未来较长一段时间内，中国对外开放的大门将越开越大。

在中国加快构建国内国际双循环相互促进的新发展格局、充分利用国

---

① 习近平在博鳌亚洲论坛2018年年会开幕式上的主旨演讲[EB/OL].（2018-04-10）[2024-06-20]. http://www.gov.cn/xinwen/2018-04/10/content_5281303.htm.

内、国际两个市场、两种资源，以及积极推进高水平对外开放的现实背景下，笔者基于1998—2015年中国加入WTO后进出口金额和专利申请量同步增长的事实，力图从这一长周期历史事件中探究国际贸易与企业技术创新之间的变化规律，为国家进出口贸易政策的制定和创新政策的优化提供参考依据。

## 1.1.2 研究意义

### 1.1.2.1 理论意义

长期以来，国际贸易的福利效应一直是国际经济学和产业经济学领域的重要研究内容。早期的古典贸易理论、新古典贸易理论和新贸易理论基于"企业同质"的假定进行研究。梅里兹和伯纳德等学者2003年创造性地提出了"企业异质性"的假定（Melitz，2003；Bernard et al.，2003），推动产业经济学和国际经济学领域的研究重心从宏观国家和中观产业层面拓展到微观企业层面，一大批研究国际贸易与微观企业行为关系的文献随之涌现。现有研究表明，贸易自由化加速了产品的跨国流动，影响了企业的进出口策略和经营行为，进而推动资源在企业内部及企业间的重新配置，最终改变产业发展格局和一国贸易利得。

技术创新及其推动的技术进步是保证经济持续增长的关键力量。自20世纪80年代以来，格罗斯曼（Grossman）、赫尔普曼（Helpman）、罗默（Romer）等众多学者围绕国际贸易与技术进步和经济增长进行了积极的探索。早期的古典贸易理论将技术视为外生给定，强调技术差异引致的比较优势和在此基础上形成的国际分工。随着内生经济增长理论的提出，内生化技术进步进入理论模型，国际贸易对技术创新的影响也引发了大量学者关注。

在异质性企业贸易理论和内生经济理论框架下，众多学者围绕贸易自由化对企业技术创新的影响展开了丰富的探讨，但对两者关系的认识仍存在较大分歧，有必要进行深入的探索。研究贸易自由化对企业技术创新的影响及作用机制有助于深层次了解经济全球化对各国企业的静态及动态福利效应，有利于澄清贸易如何推动创新资源在企业之间、行业之间及国家之间重新配置，揭示了不同发展水平的国家、不同类型的行业及差异化企业的贸易利得。本书基于异质性企业贸易理论，构建了贸易自由化影响企业创新的分析框架，并采用1998—2015年中国大规模微观数据实证检验加入WTO带来的贸易自由化对中国制造业企业技术创新的影响。本书的研究有助于拓展关于国际贸易对发展中国家企业的动态贸易利得的研究，并在边际上丰富异质性企业贸易理论。

### 1.1.2.2 现实意义

"实体兴，国家强。"实体经济是一国经济的立身之本，是经济社会发展的重要基石，是构筑未来发展战略优势的重要支撑。党的二十大报告指出，建设现代化产业体系，要坚持把发展经济的着力点放在实体经济上。实体经济是构筑未来优势的根基，制造业是实体经济的重要组成部分。2008年，全球金融危机爆发后，欧美发达国家逐渐认识到实体经济在推动经济发展方面的重要作用，并提出"再工业化""制造业回归""工业4.0"等战略主张，积极抢占制造业尤其是先进制造业的制高点。与此同时，在新科技革命和第四次工业革命的浪潮下，信息技术呈指数化升级趋势，人工智能技术不断突破，技术更新和迭代周期加速缩短，制造业尤其是高端制造业领域的国际竞争愈演愈烈，国家之间的竞争更多演变为核心技术的竞争。

我国在全球是具有重要影响力的制造业大国，制造业产值自2010年以来一直高居世界前列，2023年全国制造业增加值达到33.0万亿元，连续14年居世界首位。然而，我国制造业的自主创新能力仍有待提高，部分关键核心技术受制于人，尤其是以加工贸易为主的贸易方式，将我国部分本土企业"锁定"在全球价值链中的中低端环节（张杰和郑文平，2017）。《中国制造2025》明确指出，我国制造业大而不强，关键核心技术与高端装备对外依存度高。落后的技术水平、微薄的加工利润与巨大的产能形成鲜明反差，并严重制约我国制造业转型升级和经济的可持续发展。为了在当前激烈的全球制造业竞争中占据一席之位，我国迫切需要提高制造业技术和工艺，加快向制造强国转变。2019年，中央经济工作会议将"推动制造业高质量发展"列为当年重点工作任务之首，并强调通过多种举措"增强制造业技术创新能力"。

我国的发展趋势和国际竞争加剧都要求我国不断提高技术创新水平。技术创新是我国经济未来得以持续发展的动力源泉，也是我国实现经济转型升级和经济高质量增长的关键。习近平总书记指出，"自主创新是开放环境下的创新，绝不能关起门来搞，而是要聚四海之气，借八方之力"①。党的二十大报告明确提出，坚持高水平对外开放，加快构建以国内大循环为主体、国内国际双循环相互促进的新发展格局。那么，贸易自由化对我国微观主体的技术创新存在何种影响？进口、出口等不同贸易行为对企业技术创新有何不同影响？一般贸易、加工贸易企业在贸易自由化浪潮中的创新行为有何差异？东部、中部、西部地区企业在贸易自由化进程中的创新活动有何不同？本书紧扣中国对外开放发展进程，采用翔实的微观数据和规范的计量分析方法，从专利数量和专利质量两个角度出发，实证检验贸易自由化对中国制造业企业技术创新的影响，以期在更高水平的开放型经济新体制下为国家进出口贸易政策的制定和对外贸易管理机制的优化提供一定的参考，也为更精准的创新政策设计提供新的依据。

## 1.2 文献梳理与述评

在国际经济学领域，早期的古典贸易理论和新古典贸易理论将技术要素视为外生给定，强调各国技术差异带来的不同比较优势及在此基础上形成的国际分工和贸易模式。20世纪中后期，随着学界对经济增长源泉的深入探索及内生经济增长理论的发展成熟，加之基于规模报酬递增和不完全竞争假定的新贸易理论的逐渐形成，经济学家们研究指出国际贸易能够促进国际技术扩散和技术创新（Krugman，1980；Vernon，1966；Grossman and Helpman，1991）。

进一步地，众多学者发现，在现实中只有很小一部分企业从事出口活动，即使在同一个产业内部，出口企业与非出口企业在生产率水平、经营规模等方面也呈现巨大的差异性。梅里兹在理论上拓展了克鲁格曼于1980年提出的经典贸易模型，并发现仅有生产率最高的那些企业会进入出口市场。这意味着，国际贸易推动了市场份额在产业内部的微观企业间进行调

---

① 习近平出席中国科学院第十九次院士大会、中国工程院第十四次院士大会开幕会并发表重要讲话[EB/OL].（2018-05-28）[2024-06-20]. https://www.gov.cn/xinwen/2018/05/28/content_5294268.htm.

整，并通过资源配置效应促进行业层面的生产率水平提升（Melitz，2003；Krugman，1980；毛其淋，2014）。伯纳德等学者提出的伯纳德、伊顿、詹森和科图姆模型（BEJK模型）将伯纳德竞争纳入李嘉图模型，同时考察了不完全竞争和企业异质性（Bernard et al.，2003）。与梅里兹类似，他们也发现选择进入出口市场的仅是产业内的高生产率企业。梅里兹和伯纳德等学者的开创性研究推动了异质性企业贸易理论的形成。在此之后，一大批学者围绕国际贸易对微观企业的福利效应展开了有益的探索，极大地丰富了国际贸易的福利效应。

与此同时，第二次世界大战后在世界贸易组织（关贸总协定）的积极推动下，世界各国关税水平大幅下降，加之区域经济一体化组织蓬勃发展，全球贸易自由化水平显著上升，国际贸易对各国经济产生了深远影响。随着信息技术的飞速发展，大量微观企业数据涌现，为本领域的研究提供了丰富的经验数据。为了实证检验贸易自由化对微观市场主体的影响效应，国内外众多学者围绕不同国家、不同行业和不同企业的经营行为与经营绩效展开了广泛的研究，获得了较为细致的经验证据，研究成果斐然。毛其淋（2014）、林令涛（2017）、胡沅洪（2021）、王赛（2023）等对有关文献进行了比较全面的梳理。结合研究目的，本书按照文献的发展脉络，全面梳理有关贸易自由化与微观企业经营行为和经营绩效的有关文献，并进行简要述评。

### 1.2.1 关于贸易自由化与企业经营行为的研究

#### 1.2.1.1 进口行为

贸易自由化促使进口国的进口关税水平降低，推动了非关税壁垒的减少，促进了通关便利化水平的提高，进而降低了进口贸易成本并直接影响企业的进口行为。现有的大多实证研究表明，贸易自由化推动了企业进口产品种类的扩大，促进了进口产品价格的提高。戈德伯格（Goldberg）等（2009）发现贸易自由化促进了印度企业进口中间品种类的增多，且新进口的投入品在很大程度上源于更发达的国家，与已有进口品相比单价更高。盖（Ge）等（2011）基于中国企业数据和贸易数据的研究表明，进口关税的降低促使进口商增加进口投入品和进口资本品的数量，扩大进口产品边际和来源国边际，促使企业进入更为发达的国家并进口价格更高的中间品。李华锋（2017）实证检验了贸易自由化对企业进口多元化的促进作用，且该促进作用在高生产率、低融资约束和高补贴收入的企业中更加突出。

贸易自由化对进口产品质量的推动作用也得到部分学者的验证。余淼杰和李乐融（2016）在估算中国企业自203个国家进口的3 714种中间品的质量的基础上，采用倍差法进行研究，发现贸易自由化降低了企业的进口贸易成本，并间接增加了企业利润，最终促使企业提升进口中间品质量。施炳展和张雅睿（2016）从进口竞争的角度进行研究，发现贸易自由化促使更多的非进口企业进入进口市场，并加剧了市场竞争，压缩了企业利润，促使企业提高进口中间品的质量。他们的研究发现，若关税下降1%，一般贸易企业进口中间品质量增长速度会比加工贸易企业高出0.06%～3.74%。程凯和杨逢珉（2020）将贸易自由化对企业进口中间品质量的影响总结为成本效应和竞争效应，并实证检验了贸易便利化通过上述两个影响渠道对中国企业进口中间品质量升级的促进作用。

然而，也有部分学者指出，贸易自由化可能导致发展中国家企业对国外先进中间品的依赖，从而不利于发展中国家企业的长期可持续发展。陈晓华等（2021）系统测算了各国进口中间品的技术复杂度，发现高技术复杂度中间品进口反而会强化一国对中间品的进口依赖。其作用渠道主要是通过阻碍制造业的资本积累和科研人员的规模扩大来实现的。

### 1.2.1.2 出口行为

现有研究表明，贸易自由化从集约边际和广延边际两个方面促进了企业出口。巴斯（Bas）（2012）基于阿根廷企业的研究发现，投入品关税下降10个百分点导致企业出口概率平均上升6%，企业出口销售份额也显著提高。冯（Feng）等（2016）利用工具变量法的研究表明，扩大中间投入品进口的中国企业也扩大了出口的数量和范围。范（Fan）等（2019）通过将李嘉图的比较优势理论并入梅里兹（2003）的垄断竞争模型进行理论分析，并将中间品贸易自由化的总效应分解为部门间的资源配置效应和部门内的企业选择效应，指出正是部门间的资源配置效应导致中间品贸易自由化对不同部门企业出口行为的不同影响。刘竹青和盛丹（2021）通过量化产品的生命周期概念并识别企业出口的新产品和旧产品进行研究，发现产出关税削减会显著推动企业层面的新产品出口，促进出口产品结构优化。钟腾龙和余淼杰（2020）从出口产品的价格、范围和分布离散度3个方面进行研究，发现外部需求变化对多产品企业出口的影响取决于多产品企业采取的是质量竞争策略还是成本竞争策略。傅（Fu）（2021）的研究指出，中国的改革开放政策促进了企业出口，且开放与企业出口之间的正向关系受知识产权保护和企业自主权的调节作用。李宏兵等（2021）则围绕企业的持续出口时间进行考察，发现进口中间品质量对企业的持续出口存在显著正向影响。涂远芬（2020）重点探讨了多产品企业的出口行为，发现出口目的国贸易便利化水平的提升促使多产品企业的出口产品种类有所降低，推动多产品企业的出口向核心产品集中，从而有利于改进企业内部资源的优化配置。彭书舟和张胄（2022）则侧重于研究企业出口波动，并发现中间品贸易自由化显著抑制了企业的出口波动，且该抑制效应因企业特征的不同而有所差异。洪俊杰和詹迁羽（2024）指出了中欧班列开通对企业出口的促进作用，从而证实了贸易便利化的促出口效应。

众多学者进一步从出口产品的价格、质量、技术复杂度和国内附加值等角度深入探索贸易自由化对企业出口的影响。范等（2015）指出，进口关税降低将促使现有进出口商提高其出口质量，进出口商出口价格的变化则取决于所处行业的质量差异范围。巴斯和施特劳斯-卡恩（Strauss-Kahn）（2015）采用准自然实验方法进行实证研究，发现投入品关税下降导致中国企业的进口投入品和出口品价格在中国加入WTO后均有所上升，并指出其中可能的渠道是企业在贸易自由化过程中可以接触到更高质量的中间投入品。刘海洋等（2017）、李小平等（2021）、刘慧（2021）和龚静等（2023）分别验证了进口中间品对企业出口产品的质量、复杂度、国内增加值率和产品质量的正向作用。程凯（2022）在测算贸易便利化水平的基础上进行研究，发现贸易便利化对企业的出口产品质量和出口产品数量均存在显著正向作用。刘信恒和刘信兴（2023）基于企业微观面板数据的实证研究表明，数字产品进口对企业的出口产品质量有显著提升效应，其中的作用渠道为企业生产率提升和研发效率提高。孙瑾等（2024）基于生产网络理论模型进行研究，发现贸易自由化显著降低了企业的出口排放强度。潘彤等（2024）利用阿里巴巴国际站会员企业数据展开研究，发现应用跨境电商平台对企业出口产品质量升级有显著促进作用。

也有部分学者指出，贸易自由化对企业的出口产品技术复杂度、出口产品质量的正向影响可能被高估，在某些情况下贸易自由化对企业出口可能存在消极影响。阿什（Assche）和江内斯（Gangnes）（2010）及陈晓华等（2021）指出，由于中国的出口品中包含大量进口的国外高技术复杂度中间品，未剔除进口中间品将导致在测算出口产品技术复杂度时产生"统计假象"。刘慧（2021）在测算中国中间品进口技术含量后指出，中国制造业出口产品技术含量偏高部分归因于高于自身比较优势水平的高技术含量中间品的进口。沈国兵和于欢（2019）比较了中间品进口和资本品进口对企业出口产品质量的作用，发现仅有中间品进口推动企业出口产品质量提升。周记顺和洪小羽（2021）采用迭代法测算企业出口复杂度，得到了与沈国兵和于欢（2019）截然不同的结论。他们发现，进口中间品抑制了企业的出口复杂度，进口资本品则促进了企业的出口复杂度提升。彭冬冬和杜运苏（2016）采用倍差法的实证研究表明，中间品贸易自由化对一般贸易企业的出口贸易附加值率存在消极影响。

在贸易自由化影响企业出口的影响渠道方面，学界仍存在分歧。张杰等（2014）分析了在中国情景下进口引致出口的机制，指出进口的直接或间接溢出效应提升了出口企业的生产率，并通过自我选择效应促进企业出口。许家云等（2017）的研究表明，中间品进口能够显著提高企业出口产品质量，可能的作用渠道包括中间品产品质量效应、产品种类效应和技术溢出效应。毛其淋和许家云（2019）发现贸易自由化对企业出口的国内附加值率的积极影响主要是通过成本加成提升和研发创新增加两个渠道实现的。宋跃刚和郑磊（2020）的研究指出，自主创新是中间品进口显著提升企业出口产品质量的一个可能中介渠道。

### 1.2.1.3 定价行为

企业的市场定价策略可以用企业的成本加成来度量。成本加成一般指产品价格对边际成本的偏离，通常用来度量企业的市场势力，也反映了企业的市场定价策略。现有研究贸易自由化影响企业成本加成的相关文献可以归纳为两类，一类文献集中于研究贸易自由化通过加剧国内市场竞争影响企业的成本加成定价策略。理论上，贸易自由化的促竞争效应能够降低企业的成本加成（Bernard et al.，2003；Melitz and Ottaviano，2008）。在实证检验方面，德·洛克（De Loecker）等（2016）引入了一个不依赖于市场结构及需求曲线假定的方法测算多产品企业的成本加成，并利用1989—1997年印度企业层面数据进行检验，发现最终品贸易自由化通过竞争效应降低了印度企业的成本加成率。钱学锋等（2016）也证实了贸易自由化引致的进口竞争加剧对企业成本加成的消极影响，但该消极影响在长期内会逐渐消失。方明朋和廖涵（2022）着重探讨了中间品进口的竞争效应，并证实中间品进口竞争对国内同类中间品供应企业的成本加成率存在显著的抑制效应。

另一类文献侧重于探讨贸易自由化过程中的中间品进口关税下降对企业成本加成定价策略的影响。余淼杰和袁东（2016）发现，在控制外国关税和中间品进口关税的影响后，中国最终品进口关税削减将推动企业降低成本加成，且其效应随着加工贸易份额的提升而减弱。勃兰特（Brandt）等（2017）发现，中间品关税削减提升了中国制造业企业的成本加成及生产率。毛其淋和许家云（2017）发现，中间品贸易自由化显著提高了企业的成本加成定价能力，其影响程度在时间趋势上呈现"倒U"形的动态变化特征；且在制度越完善的地区，中间品贸易自由化对企业加成率的提升作用越大，其中的可能影响渠道是产品质量升级和生产效率提升。范等（2018）的研究发现，中间品关税下降导致现有进出口商提高了产品的价格加价，且该正向影响在高进口依赖度企业中更为深远。樊海潮和张丽娜（2019）基于多产品企业的研究表明，进口中间品关税下降对多产品企业的出口产品价格加成存在显著促进作用。刘政文和马弘（2019）的包含中间品贸易和最终品贸易的一般均衡模型指出，中间品关税下降既通过减少企业生产成本提升了企业的成本加成，又通过推动行业层面的平均成本下降和市场竞争的加剧，降低了企业的成本加成。他们的实证研究发现，中间品关税下降提升了进口企业的成本加成，且该促进作用在竞争程度较不激烈的市场更明显。张凤云和梁双陆（2020）和陈昊等（2020）分别从进口多样性角度和进口来源地展开了进一步分析。张凤云和梁双陆（2020）从进口多样性角度展开分析，发现中间投入品进口多样性的增加对非技术前沿企业和技术前沿企业的成本加成的影响截然相反。陈昊等（2020）指出，中间品进口来源地数目对企业加成率存在显著负向影响，进口来源地集中度带来的影响则相反。

### 1.2.1.4 投资行为

首先，贸易自由化推动的市场竞争环境的改变程度会影响企业的研发投资。简泽等（2017）发现，中国加入WTO后市场竞争的加剧促进了企业R&D投入的增加。

其次，中间品进口的增加对企业投资有一定的促进作用。田巍和余淼杰（2014）以中国加入WTO作为外部政策冲击，分别将加工贸易企业和非加工贸易企业作为对照组和处理组进行自然实验分析，发现中间品进口关税的下降提高了企业的R&D投入。张杰和郑文平（2017）的研究结果显示，中间品进口形成的"进口中学习"效应促进了中国一般贸易进口企业的研发投入和新产品创新。李晓庆和魏浩（2019）指出，进口中间品显著提升了企业提供技术培训的概率，从而促进了企业的人力资本投资。余淼杰和高恺琳（2021）的研究表明，进口中间品对企业对外直接投资具有显著促进作用，其中的影响渠道是生产率提升和投资固定成本降低。

最后，出口对企业投资也存在促进作用。沃（Aw）等（2011）发现，出口市场规模扩大促进了中国台湾电子行业企业的出口参与率和R&D投资。史青等（2017）利用倾向得分匹配法与空间自回归托宾（Tobit）模型，验证了企业出口对研发投入的促进作用，并指出该促进作用在高科技行业更为明显。马妍妍和俞毛毛（2020）发现，出口促进了企业的绿色投资，且该效应在资本密集度高、行业竞争程度高的企业中更为明显。刘京军等（2020）采用全球39个主要国家（地区）的上市公司数据研究表明，随着各国（地区）对中国出口强度的升高，当地企业的投资也有所增加。

### 1.2.1.5 其他行为

部分研究围绕贸易自由化对企业的产品结构优化和升级、能源利用效率、劳动力雇用等展开了深入的探究，极大地拓展了贸易自由化对微观企业的福利效应的认识和理解。阿米蒂（Amiti）和坎德尔瓦尔（Khandelwal）（2013）基于56个国家的10 000种出口到美国的产品进行分析，发现以出口国进口关税削减幅度度量的进口竞争促进了靠近世界质量前沿产品的质量升级，但阻碍了质量低下产品的质量升级。费尔南德斯（Fernandes）和帕诺夫（Paunov）（2013）采用运输成本为进口渗透率的工具变量，进行了实证研究，发现智利的进口开放带来的进口竞争促进了以单位价值度量的制造业企业产品质量升级。张晴和于津平（2021）研究了中间品贸易自由化对企业产能利用率的促进作用，并指出其中的影响渠道是出口扩张效应、中间品进口替代效应和生产率改进效应。孙楚仁等（2021）基于东欧和中亚地区26个国家微观层面数据的实证研究发现，贸易自由化提升了企业雇用高技能劳动力的比重，原因在于贸易自由化促进了市场竞争加剧和产业结构升级。余淼杰和解恩泽（2023）的研究表明，中间投入品进口关税削减对企业的劳动力市场势力增强存在显著正向作用。李丹等（2023）基于全球121个国家的企业调查数据，揭示了行业进口关税度量的进口贸易自由化对微观企业的雇用性别结构的影响。杨志浩（2024）的研究发现，随着微观企业的中间品贸易网络中心度的提升，企业的劳动雇用规模存在显著扩大。赵春明等（2024）基于中国上市公司数据的研究发现，行业进口关税削减引致的进口竞争显著加剧了企业避税程度。

## 1.2.2　关于贸易自由化与企业经营绩效的研究

### 1.2.2.1　生产率

新古典经济学的增长理论表明，生产率的增长是长期经济增长的动力源泉（Solow，1957）。国际贸易与全要素生产率之间的关系也引起了大量学者关注（Coe and Helpman，1995）。在微观企业层面，贸易自由化对生产率的推动作用已得到充分的实证检验。穆恩德勒（Muendler）（2004）发现贸易自由化加剧了国外竞争，促使巴西企业显著提高全要素生产率，并通过推动低效率企业的市场退出，促进行业层面全要素生产率的提升。笠原（Kasahara）和拉普汉姆（Lapham）（2013）通过构建动态贸易模型指出，进口可以从集约边际和扩展边际两个方面影响企业生产率。简泽等（2014）基于中国加入WTO引致的进口竞争加剧进行实证研究，发现进口竞争加剧促进了本土企业平均全要素生产率的增长，但进口竞争加剧的生产率提升效应主要集中于高效率企业。李波和杨先明（2018）从贸易便利化角度展开研究，揭示了贸易便利化的生产率提升效应，并指出该提升效应在高产业集聚度行业中更为突出。孙楚仁等（2019）采用三重差分法的研究表明，与比较劣势的行业相比，贸易自由化对具备比较优势的行业内企业的生产率促进作用更大。余淼杰和王霄彤（2021）发现，中国—东盟自贸区的关税削减政策对中国工业行业和工业企业的全要素生产率均存在显著促进作用。

在区分最终品和中间品后，现有研究指出，进口中间品对企业生产率的影响及作用渠道与进口最终品存在较大差异，且大多学者的研究结论支持中间品贸易自由化对企业生产率的正向作用。阿米蒂和科宁斯（Konings）（2007）在该领域发表了具有深远影响的一篇重要文献。他们最先通过实证研究指出，投入品关税下降对印度尼西亚微观企业的生产率有正向效应；他们研究发现，投入品关税下降带来的收益是最终品关税下降带来收益的两倍，从而揭示了中间品进口对一国企业行为及经济发展的重要作用，并促使学界对进口的福利效应研究深入到中间品层面。笠原和罗德里格（Rodrigue）（2008）基于智利微观数据的研究，同样验证了进口国外中间投入品对智利企业生产率的提升作用。托帕洛娃（Topalova）和坎德尔瓦尔（2011）的研究发现，印度投入品关税的下降极大地促进了企业生产率的提高，且促进作用大于最终品关税下降带来的影响。哈尔彭（Halpern）等（2015）证实进口中间品份额增加对匈牙利企业生产率水平的促进作用。余（Yu）（2015）基于2000—2006年中国微观企业数据的研究同样显示，投入品关税的减免促进了进口企业生产率的提高。郑亚莉等（2017）围绕中间品质量的研究表明，进口中间品质量显著促进了企业生产率水平提升。林薛栋等（2017）、陈平和郭敏平（2020）、李焕杰和张远（2021）分别从进口来源地结构、来源地网络地位提升、经济空间聚集等多个角度，研究了中间品贸易自由化对企业生产率的影响，极大地丰富了本领域的研究成果。林薛栋等（2017）从进口来源地结构的角度研究发现，中间品进口来源地数目增多、进口来源地集中度下降，有利于企业全要素生产率水平的提升，且企业的进口吸收能力会影响进口中间品对企业生产率的作用。李焕杰和张远（2021）验证了中间品贸易自由化对企业生产率的促进作用，且经济空间聚集会强化该促进作用。陈平和郭敏平（2021）重点考察了企业进口中间品的来源地网络地位提升和整体数目增加对企业生产率的促进作用。许统生和方玉霞（2020）从产品种类角度验证了进口产品对企业生产率的促进作用，其中的可能影响渠道为竞争效应和技术溢出效应。刘睿雯等（2020）和高奇正等（2022）均证实了中间品贸易自由化对企业生产率的促进作用。邰鹿峰和闫林楠（2024）的研究指出，进口投入品会通过垂直溢出效应促进我国企业生产率提升。

也有少数学者发现，中间品贸易自由化对部分国家的企业生产率没有影响或存在负面影响。范·比泽布罗克（van Biesebroeck）（2003）指出，先进的投入品供给对哥伦比亚的生产率进步不存在显著正向影响。奥吉尔（Augier）等（2013）发现，中间品进口和资本品进口对企业全要素生产率的作用与企业吸收能力有密切关联。陈梅和周申（2017）的研究指出，中间品进口质量与中国企业生产率之间呈"U形"关系。陈维涛等（2018）的研究表明，中间品贸易自由化对企业生产率存在消极影响。

在出口贸易方面，出口对企业生产率的促进作用已得到部分文献的验证。范·比泽布罗克（2005）对撒哈拉以南非洲九国的制造业企业的研究表明，在控制住不可观测的生产率差异和进入出口市场的自我选择效应后，出口企业在出口之后的生产率平均提高了25%～28%，其中规模经济是出口促进生产率进步的一个重要渠道。克雷斯皮（Crespi）等（2006）基于英国企业的调查数据也支持出口学习效应的存在。他们指出，过去曾经出口的企业很可能从买方学习相关知识，过去已经从买方学到相关知识的企业更可能有较高的生产率增长。德·洛克（2007）采用倾向得分匹配方法，基于1994—2000年斯洛文尼亚制造业企业数据的实证研究发现，出口学习效应在大多数行业均成立，且出口企业的生产率与非出口企业相比较更高。张杰等（2009）采用倾向得分匹配方法，检验了出口通过"出口中学习"效应促进了中国制造业企业全要素生产率的提高，且其中的作用机制可能在于改善了企业生产工艺流程与组织管理方式和改进了外部制度环境。钱学锋等（2011）考察了出口与中国企业生产率之间的内在作用机制，发现自我选择效应使高生产率企业积极出口，出口进一步推动企业生产率水平升高。戴觅和余淼杰（2012）指出，中国出口企业的出口学习效应与企业出口前研发存在较大关联。由于持续研发投入企业往往拥有更高的技术吸收能力，因此能通过出口获取更大的生产率溢出。胡翠等（2015）采用出口目的地加权经济增长率作为出口额的工具变量进行研究，发现出口额的增加能显著提升企业生产率。吕大国等（2016）基于贸易类型的研究表明，"出口学习"效应存在于一般贸易企业和低出口强度的加工贸易企业。上述企业的出口促进了生产率水平的提升。耿强和吕大国（2015）认为，研发概率的增加是出口促进企业生产率提升的重要原因。罗长远和张泽新（2020）基于2009—2015年中国上市公司数据的实证研究发现，出口和研发活动存在一定的互补性。出口参与对生产率的提升作用仅存在于研发企业。李丽霞等（2020）基于开发区政策的研究发现，与不享受开发区政策的非开发区企业相比，开发区内企业在出口后取得的生产率提升更少。

### 1.2.2.2 创新产出

学术界围绕贸易自由化与企业的产品创新和专利创新等展开了丰富的研究。部分学者研究发现，贸易自由化引致的进口竞争加剧对企业创新产出存在积极促进作用。丰岛（Teshima）（2009）指出，贸易自由化通过加剧墨西哥的市场竞争对当地企业的创新活动产生积极的影响。戈罗德尼琴科（Gorodnichenko）等（2010）基于27个新兴经济体制造业企业和服务业企业调查数据的研究表明，来自国外的竞争压力升高促进了新兴经济体企业的创新。亚科沃内（Iacovone）（2012）的研究指出，与落后企业相比，进口竞争的加剧对墨西哥先进企业的创新促进作用更明显。布鲁姆（Bloom）等（2016）采用12个欧洲国家10年的企业面板数据的研究显示，来自中国的低成本进口竞争推动了当地企业的R&D支出、专利申请和IT技术使用；但来自发达国家的进口对企业创新则无任何影响。周（Zhou）等（2021）采用多期双重差分法方法验证了出口对上市公司技术创新的正向效应，其中的影响渠道是规模经济的实现和风险承担的增加。赵驰和吴萱（2024）验证了贸易自由化对企业专利产出的积极促进作用，贸易自由化对专利产出的作用因企业所处区位、所处行业、所有制性质及企业规模的不同而有所差异。然而，也有少数学者在研究进口竞争与技术创新的关系时得出不同结论。刘（Liu）和罗塞尔（Rosell）（2013）的研究指出，随着进口渗透率的上升，美国企业创新的基础性有所下降。奥特（Autor）等（2020）发现，来自中国的进口竞争与美国企业的专利变化呈反向关系，进口竞争的加剧同时降低了美国企业的全球雇用、全球销售和全球R&D支出。舒（Shu）和施泰因文德（Steinwender）（2019）梳理了研究进口竞争影响进口国企业技术创新的相关文献，发现进口竞争可能促进或阻碍企业技术创新。部分学者对创新活动的类型进行了细致考察，陆（Lu）和吴（Ng）（2012）的研究发现，进口渗透率提高一个标准差，中国企业从事渐进式创新的可能性将提升4.48%。竞争压力被认为是进口促进渐进式创新的一个潜在机制。杨晓云和马霞（2021）采用专利申请量测度企业创新发现，贸易自由化引致的进口竞争加剧显著阻碍了企业的突破式创新产出和渐进式创新产出。

结合异质性企业贸易理论，部分学者发现贸易自由化引致的进口竞争促进了技术前沿企业的创新活动，阻碍了落后企业的创新活动。罗长远和张军（2012）运用世界银行的调查数据，研究了来自中国的进口与泰国企业创新的关系，并借助系统广义矩方法进行分析，发现来自中国的进口竞争在一定程度上促进了泰国部分国有品牌、得到国际标准化组织（ISO）认证、出口型、外资占主导或者技术水平高的"先进"企业的创新意愿，但削弱了泰国"落后"企业的创新意愿。丁（Ding）等（2016）的研究指出，进口竞争促进了接近世界前沿水平的中国行业和企业的创新，但抑制了远离世界前沿水平的中国行业和企业的创新。李平和史亚茹（2020）的研究表明，进口对企业专利产出的促进作用与企业的生产率水平呈正相关关系，且进口仅对中等及以上生产率水平企业的生产率存在促进作用。

部分学者强调贸易自由化带来的中间品进口增加对企业创新产出的重要影响。戈德堡（Goldberg）等（2010）发现，中间投入品关税下滑带来的新品种效应在平均水平上解释了印度制造业企业引入新产品的31%。科兰托内（Colantone）和克里诺（Crinò）（2014）基于25个欧洲国家的面板数据发现，进口投入品对欧洲的产品创新有较强的正向作用。孙文娜和毛其淋（2015）采用海克曼（Heckman）两步法和工具变量法进行研究，发现中间品关税减免对企业新产品创新的决策和强度均产生了积极影响。张杰（2015）的研究发现，资本品和中间品进口推动了从事一般贸易的进口企业的3种类型的专利产出，但对从事加工贸易和混合贸易企业的3种类型的专利产出存在不同程度的阻碍作用。在影响机制方面，林薛栋等（2017）以同期印度关税为工具变量进行研究，指出中间品进口自由化可以通过成本效应、市场扩大效应、技术溢出效应、研发互补效应和研发替代效应5条路径促进企业的产品创新；资本品进口自由化促进了企业创新，但从高收入国家进口的中间品对企业创新有替代效应。纪月清等（2018）则认为，进口中间品推动企业出口产品创新的影响机制为水平技术溢出效应和垂直技术溢出效应。部分学者进一步从中间品进口的种类多样化角度展开了深入研究。杨晓云（2013）基于产品多样性的研究表明，进口中间产品的多样性提升了企业产品创新，其中的主要影响渠道为学习效应和互补效应。耿晔强和郑超群（2018）的研究发现，进口多样性水平的提高强化了中间品关税降低对企业产品创新的激励效应。张凤云等（2020）进一步揭示了进口中间品种类的快速更迭对企业创新的积极影响。廖进球等（2021）采用2000—2013年中国制造业企业数据进行研究，发现中间品进口种类的增加促进了企业的专利产出；且地区营商环境越好，中间品进口种类的增加对企业专利产出的促进作用越突出。然而，也有少数研究发现，中间品进口自由化可能对发展中国家的企业创新存在抑制作用。刘和邱（Qiu）（2016）发现投入品关税下降对中国企业专利申请数量产生了负面影响。他们通过构建理论模型进行分析，指出可能的原因在于企业可以通过更廉价地购买国外高技术中间投入品代替企业内部研发。

在出口方面，大量研究指出出口对企业创新存在显著促进作用。所罗门（Salomon）和谢弗（Shaver）（2005）基于非线性的广义矩估计方法的研究表明，出口促进了西班牙制造企业的产品创新和专利申请，从而证实了"出口中学习"效应。利列娃（Lileeva）和特雷夫莱（Trefler）（2010）指出，美、加自由贸易协定实施后，开始出口或出口增加的加拿大企业的劳动生产率上升，并从事更多的产品创新及更多地采用先进制造技术。比斯托（Bustos）（2011）的研究发现，加入"南方共同市场"经济一体化组织带来的出口规模扩大和收入增加，促使阿根廷出口商进行技术升级。汉利（Hanley）和佩雷斯（Pérez）（2012）采用倾向得分匹配方法对西班牙微观企业的研究发现，新出口企业的产品创新和工艺创新均优于非出口企业。张杰等（2008）基于江苏省制造业企业的调查问卷数据的研究发现，企业出口与创新强度呈非线性关系。王华等（2010）采用世界银行企业调查数据的研究表明，出口贸易和进口贸易均促进了中国企业的产品创新。康志勇（2011）采用 Tobit 模型的实证研究表明，出口对中国制造业企业的创新具有显著促进作用。李兵等（2016）通过使用倾向值得分匹配方法之后的双重差分方法识别了企业出口对企业自主技术创新的正向影响。崔静波等（2021）采用2010—2015年北京中关村创新企业的面板数据进行研究，发现企业出口显著促进了创新投入和创新产出，且出口对企业创新的影响随时间呈现动态变化的特征。王雄元和卜落凡（2019）基于中欧班列开通的准自然实验构建双重差分模型进行研究，发现中欧班列开通通过促进企业出口提高了企业的专利产出。吴朝阳和陈雅（2020）采用倾向得分匹配—双重差分方法分析了企业出口与自主创新之间的关系，发现出口促进了企业专利数量的增长和专利质量的下降；出口市场竞争的加剧是其中重要的影响渠道。黄先海和卿陶（2020）从贸易成本角度出发进行研究，发现出口贸易成本上升会抑制企业的专利创新。毛其淋和杨琦（2024）采用倾向得分匹配—双重差分方法的研究表明，出口贸易方式转变对我国微观企业的专利申请、创新持续时间、创新质量和创新效率均有显著促进作用，从而揭示了出口贸易方式转变在推动企业创新"数量"扩张和"质量"提升方面的积极作用。

也有部分学者发现，出口与创新之间的关系呈非线性关系或受其他因素的影响，或者不存在显著的因果关系（Clerides et al.，1998）。岳文和韩剑（2017）的研究发现，出口强度对中国企业技术升级的影响总体呈非线性，且该影响因企业所处地域和产权性质的不同而有所差异。戴（Dai）等

（2016）着重围绕加工贸易展开了研究，发现中国加工出口商的生产力低于非加工出口商和非出口商；在研究企业层面的出口行为时，区分加工贸易企业和非加工贸易企业至关重要。

### 1.2.2.3 利润率及其他

利润率是反映企业财务状况的重要指标，对企业的长远发展具有重要影响。已有研究表明，贸易自由化对企业利润率具有显著促进作用。余淼杰和智琨（2016）的研究发现，进口自由化对纯内销企业利润率的影响在短期内为负，在长期内则有积极促进作用。徐保昌等（2019）的研究发现，贸易自由化对企业利润确实存在正向效应，且该正向效应主要是通过提升企业成本加成和生产率实现的。与之不同的是，傅等（2021）将关注点聚焦于中间投入品。他们采用微观企业生产和交易数据进行研究，发现投入品关税的降低显著提高了中国制造业企业的盈利能力；进口中间投入品的质量升级和库存成本的降低是投入品关税下降的利润效应的主要原因。谢红军等（2023）的研究发现，中间品贸易自由化对企业管理效率存在显著抑制效应，但最终品贸易自由化的影响则相反；利润和价格是其中的重要影响渠道。刘依凡等（2023）聚焦于微观企业的福利损利，发现中间品贸易自由化对我国制造业企业的福利损失存在显著抑制效应。

## 1.2.3 文献述评

综观现有文献，国内外学者围绕贸易自由化与企业经营行为和经营绩效的关系开展了大量有益的探索，取得了丰硕的研究成果，为深入认识国际贸易的福利效应提供了深刻的见解，但这些研究仍然存在一定的局限性。

第一，选取的创新度量指标具有一定局限性，对创新质量的探讨较少。现有考察贸易自由化对技术创新影响的文献中，大多采用研发投入、新产品产值、生产率、专利申请数量等度量企业创新能力，鲜有涉及创新质量，相关经验研究颇显不足。

第二，缺乏对贸易自由化的创新影响效应的系统考察。现有部分研究贸易自由化与技术创新关系的文献大多从进口贸易或出口贸易中的某一个方面展开研究，未能将贸易自由化对企业创新的影响进行系统解剖，难以全面揭示贸易自由化对企业创新的影响效应。

第三，数据使用相对陈旧。现有针对中国微观企业技术创新的实证研究选取的样本时间大部分集中于中国加入WTO的前后几年，即1998—2007年，选取的数据较为陈旧，无法准确把握全球经济一体化背景下企业创新的动态发展及变化规律。

## 1.3 研究目标与研究内容

### 1.3.1 研究目标

本书的总体目标是构建一个贸易自由化影响企业技术创新的分析框架，并基于该框架，采用中国对外贸易发展史上的长周期历史数据进行实证检验，揭示了深度参与对外贸易能否提升发展中国家微观主体技术创新的"量"和"质"，试图为新发展格局背景下中国进出口贸易政策的调整提供一定的参考。

尽管贸易自由化除推动货物贸易的自由化之外，也会促进外资流入和对外直接投资增加，推动包括技术贸易在内的服务贸易的发展，并通过上述渠道影响企业的创新活动（诸竹君等，2020；毛其淋和许家云，2014；邵朝对等，2021）。限于篇幅，参考本领域现有文献的普遍做法，本书聚焦于研究货物贸易自由化对创新的影响（余淼杰，2010；周茂等，2016；Fiorini et al.，2021）。

货物贸易根据商品流向可分为进口和出口两类，但在进口方面，与国内同类产品形成竞争关系的最终品进口和能够为国内企业生产所用的中间品进口，对国内市场和企业的影响存在本质差别[①]。正如阿米蒂和科宁斯（2007）所指出的，一方面，墨西哥冰箱制造商反对建立北美自由贸易区，原因在于担心来自美国进口冰箱的竞争压力会将他们赶出市场；另一方面，墨西哥冰

---

① 本书所指"最终品"的含义不同于投入产出表中的"最终使用"。根据《中国统计年鉴2020》，投入产出表中的某一行业的"最终使用"包括消费支出、固定资本形成、存货变动和出口4大部分。本书所指最终品是针对生产厂商而言的，当某个进口产品与国内生产厂商同类产品形成竞争关系，则称为最终品。

箱制造商又会从进口高质量的美国压缩机中获益。显然，对于墨西哥冰箱制造商而言，压缩机是中间产品；对于墨西哥的压缩机制造企业而言，压缩机可视为加剧市场竞争的最终品[①]。方明朋和廖涵（2022）也指出，中间品进口会给国内同类中间品供应企业带来竞争冲击。借鉴盛斌和毛其淋（2017）、王跃生和吴国锋（2019）、彭书舟等（2020）等学者的做法，本书将进口贸易自由化进一步分为最终品进口贸易自由化和中间品进口贸易自由化两种。据此设定本书的具体目标如下：

第一，最终品进口扩大引致的进口竞争加剧对企业技术创新的影响。理论上考察贸易自由化引致的进口竞争加剧对企业技术创新的作用机理。将中国加入WTO视为一个市场竞争程度改变的准自然实验，基于行业间进口关税削减程度的差异构建双重差分模型；利用中国制造业企业微观数据，评估最终品进口增加引致的进口竞争加剧，对微观企业创新规模和创新质量的影响，为进一步扩大对外开放提供理论支持。

第二，中间品进口贸易自由化对企业技术创新的影响。从理论上分析中间品进口贸易自由化对企业技术创新的影响及作用机制。基于中国加入WTO后进口中间品大幅增加的历史背景，采用中国制造业微观企业数据，分析中间品贸易自由化对企业中间品进口的影响，并从进口金额和进口种类两个方面分析进口中间品对企业技术创新的影响效应，力求系统地实证检验"进口中间品—技术创新"的传导路径，从而揭示中间品贸易自由化进程中的中间品进口对微观主体的动态福利效应。

第三，出口贸易自由化对企业技术创新的影响。探索出口贸易自由化对企业出口活动的影响及企业出口对技术创新的影响。由于企业在出口参与过程中存在"自我选择"效应，采用合适的分析方法有助于正确评估出口对企业技术创新的因果效应。通过采用倾向得分匹配—双重差分法进行研究，可以有效缓解普通最小二乘方法估计可能产生的选择性偏误问题，从而正确识别出口参与的创新效应。

---

[①] 例如，对于手机制造商而言，进口芯片是一种中间品；对于芯片制造商而言，进口芯片是加剧国内市场竞争的最终品。

### 1.3.2 研究内容

本书的研究思路总体按照"研究概述—现实考察—基础理论—分析框架构建—实证分析—政策引申"的逻辑顺序展开。

第一，本书开篇说明研究背景和研究意义，然后在文献梳理的基础上，挖掘现有研究的不足，提出本书研究目标、研究内容，详细说明研究方法和技术路线，阐述本书的创新点。

第二，通过对中国的贸易自由化和技术创新发展的现实考察，系统梳理新中国成立以来，不同发展阶段中国的对外贸易和技术创新的发展特征，总结贸易自由化与创新发展的共同规律，并对两者关系作初步的定性分析。

第三，总结基础理论，构建贸易自由化影响企业技术创新的分析框架。按照逻辑顺序对国际贸易与技术创新的相关基础理论进行总结，并在此基础上提出本书关于贸易自由化影响企业技术创新的分析框架。从最终品进口贸易自由化引致的进口竞争加剧、中间品进口贸易自由化和出口贸易自由化3个方面分析贸易自由化对企业技术创新的影响。

第四，基于长周期历史数据的经验分析。基于中国加入WTO后进出口额迅猛增长的历史事实，采用1998—2015年共18年的长周期数据，从进口竞争的加剧、中间品进口贸易自由化和出口贸易自由化3个方面，检验贸易自由化对中国制造业企业技术创新的"量"和"质"的影响。

（1）研究最终品进口贸易自由化引致的进口竞争加剧对企业技术创新的影响。将中国加入WTO后的进口关税大幅削减视为市场竞争程度明显变化的一个准自然实验，采用双重差分法（difference in differences，DID）实证检验加入WTO后，进口关税削减引致的进口竞争加剧对企业创新规模和创新质量的影响，为进口竞争与创新之间的关系提供新的证据，为我国全面深化市场化改革提供新的思路。

（2）研究中间品进口贸易自由化对企业技术创新的影响。基于中国工业企业数据、海关统计数据和专利数据的匹配数据，分析中间品贸易自由化对企业中间品进口的影响，并从进口金额和进口种类两个方面，全面剖析中间品进口对微观企业技术创新的影响；以中间品进口关税作为工具变量

（instrumental variable，IV）进行最小二乘回归，以缓解可能出现的内生性问题。进一步引入技术吸收能力作为调节变量，考察技术吸收能力对中间品进口与企业技术创新的调节作用。通过构建中介效应模型，深入挖掘中间品进口对企业技术创新的作用机制，以更清晰地展示中间品贸易自由化推动的进口中间品增加给微观企业带来的福利效应。

（3）实证检验出口贸易自由化对企业技术创新的影响。先采用企业出口加权关税度量出口贸易自由化的程度，并实证分析出口贸易自由化对企业出口的影响。然后利用普通最小二乘法（ordinary least squares，OLS）分析出口贸易与中国制造业企业创新的关联。最后重点采用倾向得分匹配—双重差分法（propensity score matching - difference in differences，PSM-DID）挖掘其中的因果联系。具体做法为分别筛选出新出口企业和非出口企业作为处理组和控制组；利用倾向得分匹配法，为每个处理组匹配1个或多个控制组个体，使处理组和控制组在各方面的特征差异尽可能地保持一致；基于匹配后的处理组和控制组合集，采用双重差分法估计出口对企业技术创新的影响。在此基础上，结合企业所处行业、经营规模、贸易方式和出口前研发等企业特征，探讨出口对异质性企业技术创新的影响。

第五，总结主要研究结论，提出政策建议。基于上述理论与经验分析结果，采用规范分析方法，结合中国实际，从进口和出口的不同视角，提出进一步完善中国对外贸易和创新政策的建议。

# 1.4 研究方法和技术路线

## 1.4.1 研究方法

本书以中国加入WTO所引发的关税大幅下滑、进口和出口快速增加为背景，系统考察贸易自由化对中国制造业企业技术创新活动的影响。本书所采用的研究方法归纳如下。

### 1.4.1.1 文献研究法

通过收集、整理和研读国内外产业经济学、国际经济学、技术创新等方

面的书籍、论文和网络资料等，归纳和总结前人研究成果，把握贸易自由化
与技术创新领域的前沿问题。

### 1.4.1.2 统计分析法

统计分析法能够直观明了地反映研究对象的发展规模和发展速度等，有
助于从宏观上把握事物发展趋势。本书第二章采用统计分析法对新中国成立
以来的对外贸易和技术创新的发展特征进行分析，归纳中国进出口贸易与技
术创新活动的共同发展规律，为后文的定量分析提供现实依据。

### 1.4.1.3 理论演绎法

在前人研究的基础上，借鉴微观经济学、产业经济学、国际经济学等多
个学科的理论和研究方法，采用理论演绎法剖析贸易自由化影响企业技术创
新的作用机制，形成本书的分析框架（第三章）。

### 1.4.1.4 计量分析法

计量分析法有助于通过数据的变化规律寻求不同研究对象之间的内在
关系。本书采用的计量分析法包括双重差分法（DID）、多元回归法、工具
变量法（IV）、倾向得分匹配—双重差分方法（PSM-DID）等。第四章采用
DID研究中国加入WTO引发的进口竞争加剧对企业技术创新的影响，基于
中国加入WTO的准自然实验，将加入WTO后进口关税消减幅度更大的企
业作为进口竞争加剧的处理组，加入WTO后进口关税消减幅度更小的企业
作为进口竞争加剧的控制组，采用连续型DID探讨进口竞争加剧对企业技
术创新的作用。第五章采用多元回归法考察中间品贸易自由化引起的中间品
进口的金额增加和种类扩张对企业技术创新的影响。由于中间品进口与技术
创新之间可能存在互为因果关系，所以进一步采用中间品进口关税作为中间
品进口的IV进行最小二乘回归分析，以缓解可能存在的内生性问题，进而
准确识别中间品进口贸易自由化与技术创新的因果关系。第六章利用PSM-
DID探讨出口参与对企业技术创新的影响，将样本期间内的新出口企业作为
处理组，采用倾向得分匹配方法（propensity score matching，PSM）为每个
新出口企业寻找与其相匹配的非出口企业作为控制组，再基于所有处理组和
匹配后的控制组的合集，采用DID评估出口市场参与对微观主体技术创新的

作用。

### 1.4.1.5 对比分析法

首先，对于整体而言，本书从进口和出口两个角度分析了不同贸易流向产品对企业的创新效应，又研究了进口最终品和进口中间品两种不同类型产品对企业的创新效应。其次，从具体章节来看，本书采用对比分析法考察贸易自由化对不同类型企业样本的创新效应。结合各个章节的研究目的，第四章考察了进口竞争加剧对不同生产率企业、不同补贴收入企业、不同贸易方式企业和不同地域企业的差异化影响。第五章按照中间品的类型将进口中间品划分为初级产品、半成品、零部件和资本品；根据行业技术水平将总体样本区分为高技术行业企业和中低技术行业企业；根据企业所处地理位置将所有样本企业划分为东部地区和中西部地区企业。第六章将总体样本分别划分为高出口强度企业和低出口强度企业、大规模企业和中小规模企业、一般贸易、混合贸易和加工贸易企业等。通过对比分析，本书揭示了不同贸易流向产品和不同类别产品的创新效应，探索了贸易自由化对异质性企业创新影响的差异，并对其背后原因进行深入挖掘，极大地拓展了本书的深度。

## 1.4.2 研究技术路线

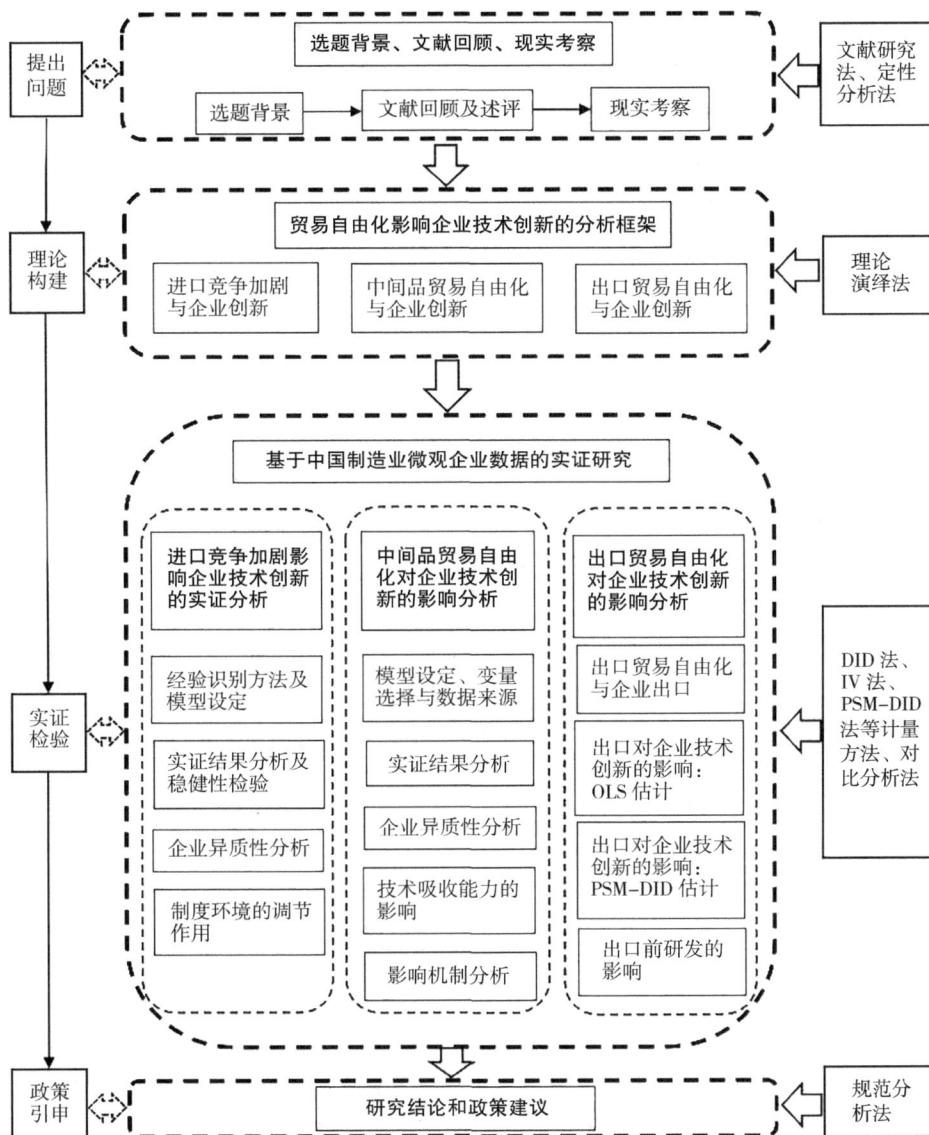

图1.1 技术路线

选题背景、文献回顾、现实考察

选题背景 → 文献回顾及述评 → 现实考察

提出问题

文献研究法、定性分析法

贸易自由化影响企业技术创新的分析框架

进口竞争加剧与企业创新

中间品贸易自由化与企业创新

出口贸易自由化与企业创新

理论构建

理论演绎法

基于中国制造业微观企业数据的实证研究

进口竞争加剧影响企业技术创新的实证分析

经验识别方法及模型设定

实证结果分析及稳健性检验

企业异质性分析

制度环境的调节作用

中间品贸易自由化对企业技术创新的影响分析

模型设定、变量选择与数据来源

实证结果分析

企业异质性分析

技术吸收能力的影响

影响机制分析

出口贸易自由化对企业技术创新的影响分析

出口贸易自由化与企业出口

出口对企业技术创新的影响：OLS 估计

出口对企业技术创新的影响：PSM-DID 估计

出口前研发的影响

实证检验

DID 法、IV 法、PSM-DID 法等计量方法、对比分析法

研究结论和政策建议

政策引申

规范分析法

# 1.5 本书的创新点

本书全面系统地从理论和实证方面考察了贸易自由化对企业技术创新的影响，可能存在的创新之处有以下3点。

第一，在研究视角方面，从"量"与"质"两个角度剖析国际贸易对微观企业的创新影响。目前，对于贸易自由化能否提升企业技术创新水平颇具争议，且现有研究主要采用研究与试验发展（research and experimental development，R&D）投入、新产品产值和专利申请量等数量指标度量企业技术创新水平，鲜见对质量指标的探讨。为弥补现有研究的不足，本书通过测算中国规模以上制造业企业的发明专利数量和发明专利质量，实证研究贸易自由化对企业创新规模和创新质量的差异化影响，从"量"与"质"两个角度剖析国际贸易的创新效应，在一定程度上填补了从创新质量角度研究贸易与创新的空白，为国际贸易的福利效应提供了一个新的视角和来自微观层面的经验证据。基于技术创新"量"与"质"的研究发现：尽管进口竞争的加剧阻碍了企业创新规模的扩大，但对企业创新质量的影响并不显著；中间品进口从数量和种类两个方面促进了企业创新规模的扩大，但仅在种类方面推动企业创新质量提升；出口促进了企业创新规模的扩大，对企业创新质量的影响则不显著。这表明，在研究中忽视创新质量仅考虑创新数量的做法，将高估进口竞争的加剧对企业创新的不利影响和夸大中间品进口及出口对企业创新的促进作用。在研究中"唯数量论"将导致片面的结论，而纳入创新质量研究有助于客观评估和正确认识进出口对发展中国家微观企业技术创新的影响。

第二，在研究内容方面，从进口竞争的加剧、中间品进口贸易自由化和出口贸易自由化3个方面系统考察了贸易自由化对技术创新的影响。本书按照商品流向将国际货物贸易划分为进口贸易和出口贸易，又进一步将进口贸易划分为与国内同类产品形成竞争关系的最终品进口贸易和能为国内企业生产所用的中间品进口贸易；并采用翔实的微观企业数据围绕最终品进口贸易自由化引致的进口竞争加剧、中间品进口贸易自由化和出口贸易自由化3个方面实证检验贸易自由化对技术创新的影响。这有利于整体理解国际贸易与技术创新的关联，准确评估贸易自由化对异质性企业技术创新的影响，从而深化前期学者的相关研究，推进对贸易开放的福利效应的探索。研究发现，无论是进口竞争压力升高对高生产率企业的技术创新倒逼，抑或中间品进口对企业的研发激励效应，还是出口前研发在出口企业创新质量提升中的重要作用，都揭示了企业通过贸易自由化获得创新质量提升归根结底仍依赖于自主研发。

第三，在时间跨度方面，采用长周期数据以更准确地揭示进出口对创新影响的内在规律。研究数据时间跨度的延长有利于更好地揭示内在事物的规律。以往相关研究大多采用中国加入WTO的前后几年，即1998—2006年的数据，数据相对比较陈旧。本书的研究样本时间为1998—2015年，时间跨度长达18年。采用一个长周期历史数据进行研究，能够更加全面地展示贸易逐渐深化对中国企业的创新影响。研究表明，贸易自由化对不同生产率、不同技术行业、不同贸易方式和不同地域的企业存在显著的差异化影响，从而丰富了本领域的研究。

# 2 中国贸易开放和技术创新的现实考察

## 2.1 新中国成立初期的贸易保护阶段（1949—1977年）

新中国成立初期，在计划经济体制下，我国采取与计划经济体制相适应的对外贸易体制，"政企合一、高度集中、独家经营"。外贸经营权只有国有企业才拥有。国家执行高度集中管制的对外贸易政策，并通过行政措施直接干预企业进出口，同时采取严格的外汇管制。在这一时期，鉴于中国经济发展十分落后，各类生产物资和机器设备较为稀缺，中国主要通过对外贸易获取生产，尤其是重工业生产急需的机器设备。

受贸易政策束缚，这一阶段中国的对外贸易总体处于较低水平，且整体发展十分缓慢。从图2.1可以看到，1950年，中国对外贸易出口额仅为20亿元，进口额为21亿元，进出口贸易逆差为1亿元。1950—1972年，我国进出口贸易的发展较为缓慢。从1973年开始，进出口贸易呈现增长趋势，但进出口贸易的规模仍处于较低水平。1977年，中国的对外贸易出口额为140亿元，进口额为133亿元，进出口贸易顺差为7亿元，对外贸易实现小幅顺差。

同时，这一阶段中国的创新活动，尤其是企业的技术创新活动极不活跃，技术创新发展面临基础差、资金少和西方国家的技术封锁等诸多困难。

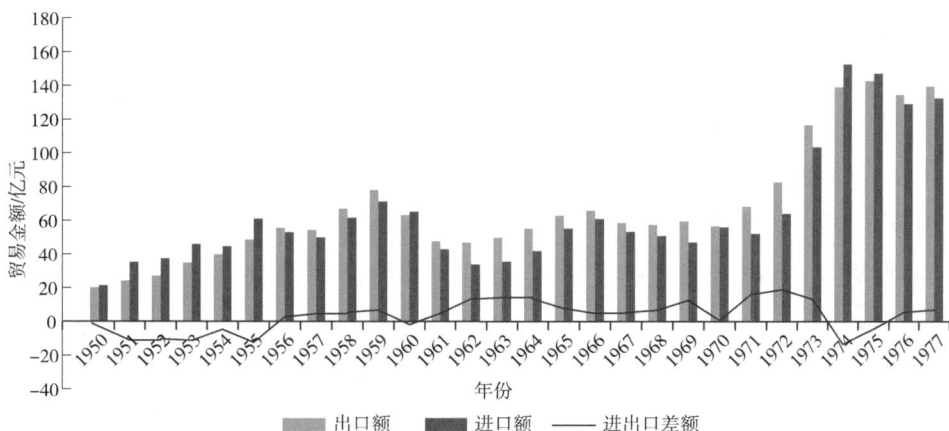

**图2.1  1950—1977年中国出口额、进口额和进出口差额**

图片来源：根据历年《中国统计年鉴》数据整理得来。

## 2.2 改革开放初期的贸易开放阶段（1978—2001年）

### 2.2.1 以"奖出限入"为主要特征的对外贸易政策

1978年，党的十一届三中全会确立了以经济建设为中心、实行改革开放的总方针，标志着我国对外贸易进入快速发展阶段。改革开放初期，中国的对外贸易开放政策都是探索性的，如国家在外贸经营权、外贸行政管理体制等方面的改革和试水。1979年，国务院提出"大力发展以进养出业务"，实施加工贸易保税政策并对加工贸易实行特殊的海关监管制度。这促使我国加工贸易在此后较长的一段时间内呈现高速发展的趋势，加工贸易也因此成为我国对外贸易发展的一大特色。与此同时，国家有步骤地设立了经济特区，开放了沿海城市，有力地促进了出口业务的发展。

1985年，中国正式恢复出口退税制度；1994年，进一步改革出口退税制度，对出口货物采取"应退尽退"的原则，平均出口退税率高达16%。1998年，国务院出台《关于加快深化对外贸易体制改革若干问题的规定》，采取了"一揽子"的外贸改革举措，如外汇留成制度、加工贸易鼓励制度、出口信贷扩大措施等。

1992年，邓小平南方谈话和党的十四大掀起了轰轰烈烈的社会主义市场经济体制改革。中国的对外开放进一步向纵深发展，外贸政策仍以鼓励出口为主，同时力求与WTO规范衔接。1992—2001年，中国采取了逐步放开进出口经营权、多次削减关税和取消非关税壁垒、设立出口加工区、改革外汇管理体制、完善汇率制度、设立出口信贷银行和中国出口信用保险公司等一系列举措，并出台了包括《中华人民共和国对外贸易法》《中华人民共和国反倾销和反补贴条例》在内的多项涉外法律法规，使我国的涉外法律体系与关贸总协定/世界贸易组织（GATT/WTO）规则一致。

### 2.2.2 对外贸易和专利产出稳步增长

1978—2001年，随着改革开放进程的加速，中国对外贸易总体呈稳步向上增长趋势，但对外贸易交易额的基数仍然偏低。从图2.2可知，1978—

1985年，中国的进口和出口均增长较为缓慢，且总体规模不大。1985年，中国对外贸易出口额为809亿元，进口额为1 258亿元，进出口贸易逆差额达到这一阶段的最大金额即449亿元。自1985年起，中国对外贸易的发展速度开始加快，进出口总金额分别于1987年、1993年、1994年和2001年突破0.3万亿元、1万亿元、2万亿元和4万亿元，进出口规模快速扩张。并且自1985年起，中国对外贸易逆差额总体呈下降的趋势。1990年，中国对外贸易实现顺差412亿元；此后年份对外贸易基本保持顺差。

与此同时，随着对外贸易和经济的快速发展，中国的专利产出规模有所扩大，技术创新水平得到提升。图2.2也给出了1985—2001年中国专利申请数和专利申请授权数的变化情况。从图2.2可以看出，这一阶段中国的专利产出规模基数不大，专利申请数量呈快速增长趋势，专利申请授权数则在增长中伴有部分年份的回落。2001年，中国的专利申请数达20万件，是1985年的14.16倍。与这一阶段对外贸易快速发展类似的是，1985年后中国的专利产出也呈稳步上升的趋势。

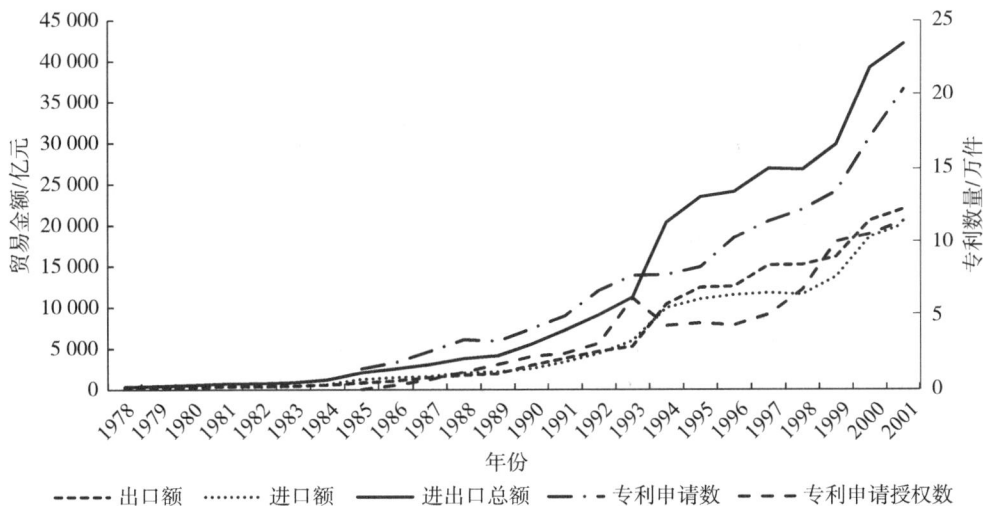

**图2.2　1978—2001年中国进出口贸易额和专利申请数量**

图片来源：根据历年《中国统计年鉴》数据整理得来。

# 2.3 加入WTO后的贸易自由化阶段（2002—2007年）

## 2.3.1 积极适应WTO框架的对外贸易政策

2001年12月，中国正式加入WTO，对外开放的大门越开越敞。中国外贸体制改革的重点转变为努力建立符合WTO框架规范的对外贸易制度。加入WTO后，中国认真履行承诺，逐年降低进口关税水平。根据历年《中国财政统计年鉴》，中国关税平均水平从2001年的15.30%大幅降至2002年的12%，2007年进一步下降至9.80%。同时，按照《中国加入世贸组织议定书》约定，中国自2002年起分批次取消了部分农产品、纺织产品、汽车及其零部件等产品的非关税措施；自2004年7月1日起，我国取消对外贸经营权的审批，并实行外贸经营权备案登记制；自2005年7月21日起，我国开始实行以市场供求为基础、参考"一篮子"货币进行调节、有管理的浮动汇率制度，人民币汇率不再钉住单一美元，人民币汇率形成机制得到进一步完善。

此外，在对外开放实践中不断完善涉外法律法规，出台了《中华人民共和国知识产权海关保护条例》《中华人民共和国进出口货物原产地条例》《中华人民共和国海关行政处罚实施条例》《中华人民共和国濒危野生动植物进出口管理条例》等涉外法律法规，并对《中华人民共和国对外贸易法》《中华人民共和国反倾销条例》和《中华人民共和国反补贴条例》等进行了修订和完善。

与此同时，随着出口金额的攀升和对外贸易摩擦的逐渐增多，我国积极采取多种举措优化出口结构、缓解贸易摩擦。2005年进一步改革出口退税机制，开始采取"差别退税"的原则；2007年进一步降低了部分贸易摩擦频繁的商品出口退税率。

归纳起来，这一阶段中国的对外贸易政策表现为积极适应WTO框架，不断调整外贸政策，优化和完善涉外法律法规，贸易自由化程度显著提高，但对外贸易政策和举措以促出口为主，在促出口的同时开始优化出口商品结构、缓解贸易冲突。

### 2.3.2 对外贸易和技术创新规模迅速扩大

进出口贸易是拉动国民经济增长的重要因素之一。随着关税水平的下降和非关税壁垒的大量减少，加入WTO后，我国的对外贸易规模得到快速扩张（如图2.3所示）。2002年，中国出口额和进口额分别为26 948亿元、24 430亿元；2007年，中国出口额和进口额分别增长为93 456亿元和73 285亿元。2002—2007年，中国的出口额增加了2.47倍，进口额增加了2倍，进出口总额增加了2.25倍。

与此同时，中国的创新活动也愈加频繁，创新投入稳步提高，创新产出不断增加。在这一阶段，中国的R&D经费支出呈逐年扩大的趋势，由2002年的1 288亿元增长至2007年的3 710亿元，增长了1.88倍；专利申请量由2001年的25万件增长至2007年的69万件，增长了1.76倍。

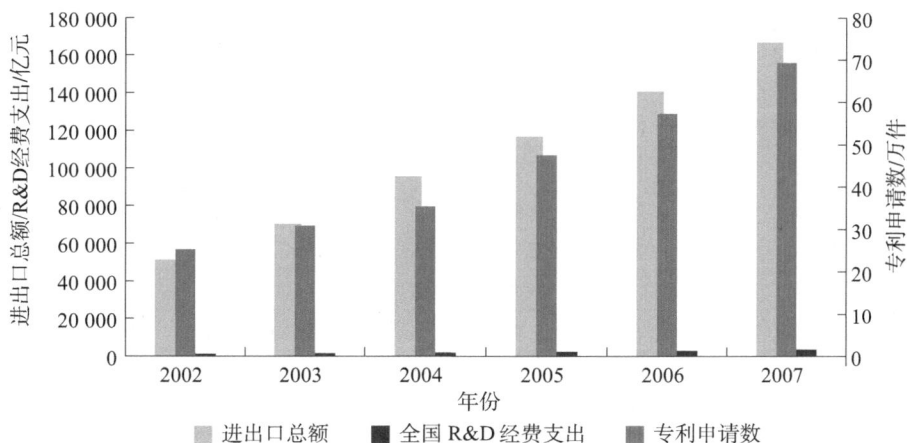

**图2.3　2002—2007年中国进出口总额、R&D经费支出和专利申请数**

图片来源：根据历年《中国统计年鉴》数据整理得来。

### 2.3.3 对外贸易和创新产出区域间发展不平衡

除整体发展规模快速扩大外，中国的对外贸易和创新产出还呈现区域间发展不平衡的特点，具体表现为东部地区比中西部地区拥有更频繁的贸易进出口和专利创新活动（如表2.1所示）。

从各地区的对外贸易发展来看，因为中国采取分区域、分阶段渐进式地对外开放战略，东部沿海地区依赖于自身的交通优势和早期国家政策的支持，对外贸易一贯保持良好的发展势头；中西部地区，尤其是西部地区地形较为复杂，交通基础设施建设相对滞后，对外贸易发展整体较为落后。以2007年为例，从表2.1可看到，进出口总额排名前5位的省自治区、直辖市依次是广东、江苏、上海、北京和浙江，其总的进出口总额占全国进出口总额的比重达75.29%。这体现出我国对外贸易发展在地理上的聚集程度非常高。与之形成鲜明对比的是，进出口贸易规模最小的5个省（自治区、直辖市）依次为西藏、青海、宁夏、贵州和海南，其总的进出口总额占全国进出口总额的比重仅为0.38%。

表2.1　2007年各地区进出口总额和发明专利申请数量及占比

| 地区 | 进出口 | | 发明专利申请 | | 地区 | 进出口 | | 发明专利申请 | |
|---|---|---|---|---|---|---|---|---|---|
| | 金额（亿美元） | 占全国比重（%） | 数量（件） | 占全国比重（%） | | 金额（亿美元） | 占全国比重（%） | 数量（件） | 占全国比重（%） |
| 北京 | 1 930.00 | 8.88 | 18 763 | 13.29 | 湖北 | 148.69 | 0.68 | 3 705 | 2.62 |
| 天津 | 714.50 | 3.29 | 5 364 | 3.80 | 湖南 | 96.86 | 0.45 | 3 670 | 2.60 |
| 河北 | 255.23 | 1.17 | 2 094 | 1.48 | 广东 | 6 341.86 | 29.18 | 26 692 | 18.90 |
| 山西 | 115.79 | 0.53 | 1 212 | 0.86 | 广西 | 92.59 | 0.43 | 945 | 0.67 |
| 内蒙古 | 77.36 | 0.36 | 565 | 0.40 | 海南 | 35.14 | 0.16 | 278 | 0.20 |
| 辽宁 | 594.74 | 2.74 | 5 516 | 3.91 | 重庆 | 74.38 | 0.34 | 1 601 | 1.13 |
| 吉林 | 102.98 | 0.47 | 1 635 | 1.16 | 四川 | 143.78 | 0.66 | 3 406 | 2.41 |
| 黑龙江 | 172.97 | 0.80 | 2 386 | 1.69 | 贵州 | 22.70 | 0.10 | 874 | 0.62 |
| 上海 | 2 828.54 | 13.01 | 15 212 | 10.77 | 云南 | 87.94 | 0.40 | 1 014 | 0.72 |
| 江苏 | 3 494.72 | 16.08 | 16 578 | 11.74 | 西藏 | 3.93 | 0.02 | 23 | 0.02 |
| 浙江 | 1 768.47 | 8.14 | 9 532 | 6.75 | 陕西 | 68.87 | 0.32 | 2 412 | 1.71 |
| 安徽 | 159.32 | 0.73 | 1 602 | 1.13 | 甘肃 | 55.24 | 0.25 | 600 | 0.43 |
| 福建 | 744.47 | 3.42 | 2 170 | 1.54 | 青海 | 6.12 | 0.03 | 91 | 0.06 |
| 江西 | 94.49 | 0.43 | 1 012 | 0.72 | 宁夏 | 15.82 | 0.07 | 112 | 0.08 |
| 山东 | 1 224.74 | 5.63 | 8 795 | 6.23 | 新疆 | 137.16 | 0.63 | 476 | 0.34 |
| 河南 | 127.85 | 0.59 | 2 875 | 2.04 | — | — | — | — | — |

数据来源：中经网数据库。

从各地区的专利创新活动来看，与对外贸易发展类似的是，中国地区间的创新差异十分明显，且对外贸易更为发达的地区往往拥有更频繁的创新活动。从表2.1可以看到，2007年发明专利申请数量最多的地区依次为广东、北京、江苏、上海和浙江，占全国专利申请总数的比重依次为18.90%、13.29%、11.74%、10.77%和6.75%，总专利申请量占比高达61.45%。专利创新活动最不活跃的地区依次为西藏、青海、宁夏、海南和新疆，专利申请数量占全国的比重仅为0.70%。

## 2.4 后金融危机时代的贸易平衡和优化阶段（2008年至今）

### 2.4.1 不断推动贸易结构优化的对外贸易政策

2008年，国际金融危机爆发后，欧美发达国家的经济受到巨大冲击；2009年，中国超过德国，成为全球第一大出口国。全球经济的低迷和中国高额的外贸出口加剧了中国对外贸易的摩擦。为缓解对外贸易摩擦、缓和国际关系，我国积极利用各种贸易政策工具持续优化出口的产品结构和地区结构，具体包括不断优化出口退税率结构、逐步取消部分高污染和高耗能产品的出口退税、积极调整加工贸易限制类和禁止类目录、不断完善信贷财税支持政策等。

与此同时，中国政府开始对进口进行鼓励，积极稳妥扩大进口。2012年，国务院发布《关于加强进口促进对外贸易平衡发展的指导意见》。2014年，国务院印发《关于加强进口的若干意见》，提出继续鼓励先进技术设备和关键零部件等进口、稳定资源性产品进口、进一步优化进口环节管理等6大指导意见。2018年11月，中国举办了第一届中国国际进口博览会，并吸引了来自100多个国家和地区的3 000多家企业参展[①]；截至2023年12月31日，中国已连续6年举办国际进口博览会，彰显了中国扩大开放的决心。

此外，中国不断在WTO多边贸易体制下积极寻求区域贸易合作，积极

---

① 首届进口博览会吸引58个"一带一路"沿线国家千余家企业参展[EB/OL].（2018-11-03）[2024-06-20]. http://www.gov.cn/xinwen/2018-11/03/content_5337235.htm?_zbs_baidu_bk.

参与全球经济治理。在多边贸易谈判受阻和世界经济多极化趋势下，中国不断寻求区域经济与贸易合作，争取更大国际话语权。从2008年起，中国陆续与新西兰、新加坡、秘鲁、哥斯达黎加、冰岛、瑞士、韩国和澳大利亚、格鲁吉亚、马尔代夫、毛里求斯、柬埔寨、厄瓜多尔、尼加拉瓜、塞尔维亚等多个国家（地区）签署了双边自由贸易协定。此外，还积极参与亚洲基础设施投资银行和金砖国家银行的建设，签署《亚洲及太平洋跨境无纸贸易便利化框架协定》等，不断加强与国际社会的经贸联系。中国积极推动"一带一路"倡议，稳步推进中欧班列常态化运行，改变了以往严重依赖海运的对外贸易史，推动对外贸易市场的多元化发展。2020年11月15日，中国、东盟十国、日本、韩国、澳大利亚、新西兰共15个亚太国家正式签署了《区域全面经济伙伴关系协定》（RCEP）。2021年，习近平总书记在亚太经合组织领导人非正式会议中的讲话提出，"要推动贸易和投资自由化便利化，维护以世界贸易组织为核心的多边贸易体制"[①]。党的二十大报告进一步提出，"推进高水平对外开放""推动货物贸易优化升级，创新服务贸易发展机制，发展数字贸易，加快建设贸易强国"。2023年12月召开的中央经济工作会议也提出，要"扩大高水平对外开放""加快培育外贸新动能"。

## 2.4.2 对外贸易和技术创新规模持续扩大

这一阶段中国的进出口贸易和技术创新总体保持稳步上升势头，对外贸易和技术创新的规模持续扩大。从对外贸易发展看，图2.4报告了2008—2023年中国货物出口额和进口额的变化情况。2008年，全球金融危机爆发，全球经济出现大幅衰退，并给中国的对外贸易发展带来一定的不利影响。历年《中国统计年鉴》数据显示，2009年，中国进口额和出口额均有所下降；2010—2014年，中国对外贸易发展的外部形势有所好转，货物进出口总额呈稳步增长趋势；2015年和2016年，受国际需求低迷、人民币汇率升值、国际贸易摩擦增加等多重因素影响，中国货物进口额和出口额再次下降；2017年以后，对外贸易又恢复了持续稳步增长的良好势头；2020年，面对新冠肺

---

① 习近平在亚太经合组织领导人非正式会议上的讲话 [EB/OL].（2021-07-16）[2024-06-20]. http://www.gov.cn/xinwen/2021/07/16/content_5625530.htm.

炎疫情的冲击，中国对外贸易仍保持强劲"韧性"，货物出口额达17.93万亿元，同比增长4%，占国际市场份额的比重达到15%，货物进口额达14.29万亿元，基本与2019年持平。2023年，中国货物出口额进一步增长至23.77万亿元，进口额上升为17.98万亿元。从总体来看，2008年以后，中国的对外贸易发展处于体量和规模较大，逐步增长中伴有部分年份的回落，对外贸易韧性持续增强。

从创新投入来看，这一阶段全国的研究与试验发展（R&D）经费支出同样呈迅猛增长势头。根据国家统计局的相关统计数据，2008年全国R&D经费支出增长至4 616亿元；此后继续保持增长势头并于2015年达到14 170亿元；2020年我国R&D经费支出进一步增长至24 393亿元，位列全球第二，是2008年的5.28倍，与当年国内生产总值之比达到2.40%；2023年我国R&D经费支出进一步增长至30 783亿元，与国内生产总值之比上升为2.54%。其中，来自企业的R&D支出的规模和增长速度均远远超过政府的R&D支出。根据历年《中国统计年鉴》，2020年企业R&D支出和政府R&D支出依次为18 895亿元和4 826亿元，2022年企业R&D支出和政府R&D支出依次为24 324亿元和5 471亿元，分别是2008年的7.34倍和5.02倍，占2022年R&D经费支出的比重依次为79.02%和17.77%。

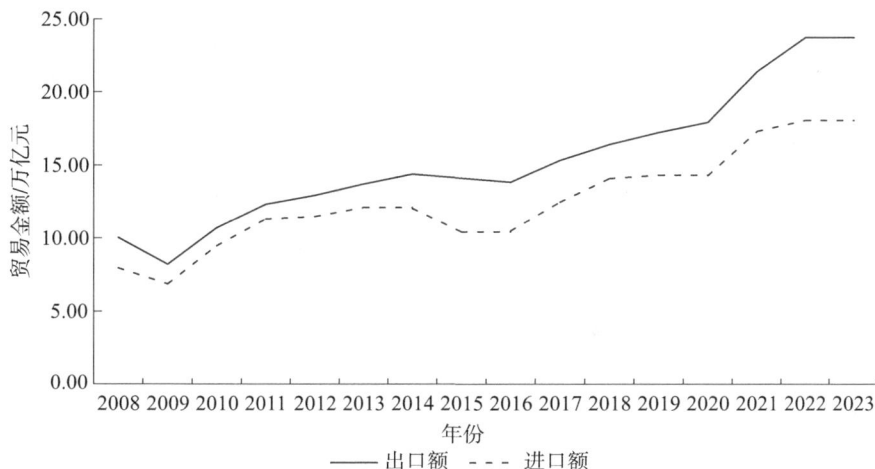

图2.4　2008—2023年中国货物出口额和进口额

与此同时，我国的创新产出也呈井喷式增长趋势。图2.5报告了2008—2022年中国专利申请及授权情况。从专利申请数量来看，全国专利申请数量呈快速增长趋势，2008年全国专利申请数量只有83万件，2019年迅猛增长至438万件，2022年全国专利申请数量达到536万件；发明专利申请数量从2008年的29万件增长至2015年的110万件，并于2019年迅速上升至140万件，2022年继续增长至163万件。从专利授权数量来看，2008年全国专利申请授权数仅为41万件，2022年增长为432万件，较2008年增加了9.54倍；2008年全国发明专利申请授权数仅为9万件，2022年增长到80万件，与2008年相比增加了7.89倍。

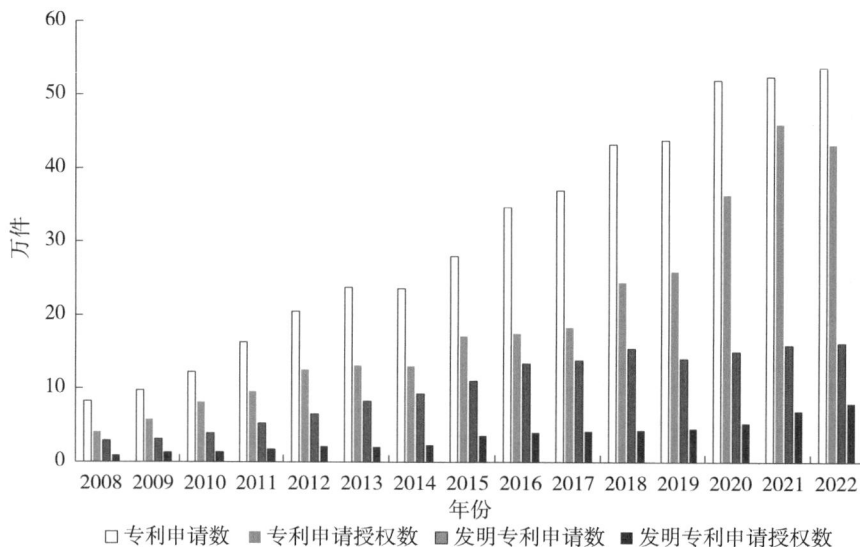

图2.5　2008—2022年中国专利申请数及授权数

图片来源：根据历年《中国统计年鉴》数据整理得来。

### 2.4.3　对外贸易和技术创新行业间发展不平衡

中国的进出口贸易和技术创新具有行业间发展不平衡的典型特征，具体表现为高技术行业的进出口规模更大，且拥有更频繁的创新活动。以2015年为例，表2.2给出了按海关编码协调制度（the Harmonized System，HS）类别统计的第六类—第二十二类货物的进出口总额及其占比。其中，进出口规模最大的是第十六类货物（机器、机械器具、电气设备及其零件；录音机及放声机、电视图像、声音的录制和重放设备及其零件、附件），其进出口额高达15 443.39亿美元，占全国进出口总额的比重高达39.07%，其中包括电机、电气设备及其零件、通信设备、计算机设备等多项高新技术产品。进出口规模紧随其后的依次为第十一类（纺织原料及纺织制品）、第十五类（贱金属及其制品）、第六类（化学工业及其相关工业的产品）和第十七类（车辆、航空器、船舶及有关运输设备）货物，占全国进出口总额的比重为5%～8%。这些类别包含交通运输设备、专用设备等高技术产品。

表2.2  2015年进出口货物分类金额及占比

| 商品分类 | 进出口总额（亿美元） | 占全国进出口总额的比重（%） | 商品分类 | 进出口总额（亿美元） | 占全国进出口总额的比重（%） |
|---|---|---|---|---|---|
| 第十六类（机器、机械器具、电气设备及其零件；录音机及放声机、电视图像、声音的录制和重放设备及其零件、附件） | 15 443.39 | 39.07 | 第十二类（鞋、帽、伞、杖、鞭及其零件；已加工的羽毛及其制品；人造花；人发制品） | 712.98 | 1.80 |
| 第十一类（纺织原料及纺织制品） | 3 057.61 | 7.73 | 第十三类（石料、石膏、水泥、石棉、云母及类似材料的制品；陶瓷产品；玻璃及其制品） | 636.6 | 1.61 |
| 第十五类（贱金属及其制品） | 2 637.58 | 6.67 | 第十类（木浆及其他纤维状纤维素浆；纸及纸板的废碎品；纸、纸板及其制品） | 465.23 | 1.18 |
| 第六类（化学工业及其相关工业的产品） | 2 192.42 | 5.55 | 第八类[生皮、皮革、毛皮及其制品；鞍具及挽具；旅行用品、手提包及类似品；动物肠线（蚕胶丝除外）制品] | 461.55 | 1.17 |

续　表

| 商品分类 | 进出口总额（亿美元） | 占全国进出口总额的比重（%） | 商品分类 | 进出口总额（亿美元） | 占全国进出口总额的比重（%） |
|---|---|---|---|---|---|
| 第十七类（车辆、航空器、船舶及有关运输设备） | 2 051.48 | 5.19 | 第九类（木及木制品；木炭；软木及软木制品；稻草、秸秆、针茅或其他编结材料制品；篮筐及柳条编结品） | 345.45 | 0.87 |
| 第十八类（光学、照相、电影、计量、检验、医疗或外科用仪器及设备、精密仪器及设备；钟表；乐器；上述物品的零件、附件） | 1 845.56 | 4.67 | 第二十二类（特殊交易品及未分类商品） | 76.42 | 0.19 |
| 第七类（塑料及其制品；橡胶及其制品） | 1 657.34 | 4.19 | 第二十一类（艺术品、收藏品及古物） | 9.25 | 0.02 |
| 第二十类（杂项制品） | 1 632.97 | 4.13 | 第十九类（武器、弹药及其零件、附件） | 1.78 | 0.00 |
| 第十四类（天然或养殖珍珠、宝石或半宝石、贵金属、包贵金属及其制品；仿首饰；硬币） | 1 273.02 | 3.22 | — | — | — |

数据来源：《中国统计年鉴2016》。

从各行业的技术创新活动看，表2.3给出了按国民经济行业分类的2015年规模以上（以下简称"规上"）工业企业的发明专利申请数及占比。其中，发明专利申请数量最多的是计算机、通信和其他电子设备制造业、电气机械和器材制造业、专用设备制造业、通用设备制造业、化学原料和化学制品制造业，对应的发明专利申请数分别为60 533件、30 914件、18 196件、16 744件和16 300件。这5个行业发明专利数总量占所有规上工业企业发明专利总数的58.08%。

比较进出口贸易和专利产出的行业分布可知，中国的进出口贸易和专利产出均集中在计算机、通信设备、电气设备、交通运输设备、专用设备等高新技术行业。行业的进出口贸易和技术创新的发展呈现高度的一致性。

表2.3  2015年各国民经济行业的企业发明专利申请数及占比

| 国民经济行业 | 发明专利申请数（件） | 占所有规上工业企业发明专利的比重（%） | 国民经济行业 | 发明专利申请数（件） | 占所有规上工业企业发明专利的比重（%） |
|---|---|---|---|---|---|
| 计算机、通信和其他电子设备制造业 | 60 533 | 24.64 | 纺织业 | 3 619 | 1.47 |
| 电气机械和器材制造业 | 30 914 | 12.58 | 食品制造业 | 2 677 | 1.09 |
| 专用设备制造业 | 18 196 | 7.41 | 文教、工美、体育和娱乐用品制造业 | 2 005 | 0.82 |
| 通用设备制造业 | 16 744 | 6.82 | 纺织服装、服饰业 | 1 561 | 0.64 |
| 化学原料和化学制品制造业 | 16 300 | 6.63 | 造纸和纸制品业 | 1 403 | 0.57 |
| 汽车制造业 | 12 840 | 5.23 | 家具制造业 | 1 225 | 0.50 |
| 医药制造业 | 10 019 | 4.08 | 酒、饮料和精制茶制造业 | 1 193 | 0.49 |
| 铁路、船舶、航空航天和其他运输设备制造业 | 8 985 | 3.66 | 烟草制品业 | 1 188 | 0.48 |
| 金属制品业 | 6 819 | 2.78 | 印刷和记录媒介复制业 | 989 | 0.40 |
| 仪器仪表制造业 | 6 554 | 2.67 | 石油、煤炭及其他燃料加工业 | 974 | 0.40 |
| 黑色金属冶炼和压延加工业 | 6 090 | 2.48 | 其他制造业 | 886 | 0.36 |
| 橡胶和塑料制品业 | 5 247 | 2.14 | 化学纤维制造业 | 875 | 0.36 |
| 非金属矿物制品业 | 5 200 | 2.12 | 木材加工和木、竹、藤、棕、草制品业 | 789 | 0.32 |
| 农副食品加工业 | 4 072 | 1.66 | 皮革、毛皮、羽毛及其制品和制鞋业 | 708 | 0.29 |

续　表

| 国民经济行业 | 发明专利申请数（件） | 占所有规上工业企业发明专利的比重（%） | 国民经济行业 | 发明专利申请数（件） | 占所有规上工业企业发明专利的比重（%） |
|---|---|---|---|---|---|
| 有色金属冶炼和压延加工业 | 3 962 | 1.61 | — | — | — |

注：数据口径为规模以上工业企业。

数据来源：《中国统计年鉴2016》。

本章进一步深入分析了高技术产业的各细分行业的发展情况，并发现各细分行业的对外贸易和技术创新活动也具有同步发展的规律。以2015年为例，图2.6报告了该年高技术产业的6个细分行业的出口交货值和发明专利申请数占比。

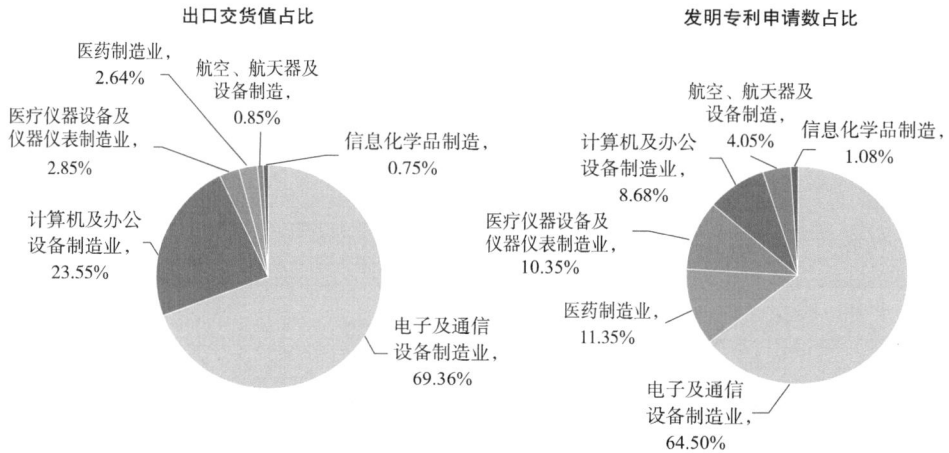

图2.6　2015年高技术产业细分行业出口交货值和发明专利申请数占比

注：数据口径为规模以上工业企业。

图片来源：根据《中国统计年鉴2016》数据整理得来。

从图2.6可知，电子及通信设备制造业的出口交货值和发明专利申请数量占整个高技术产业的比重分别达69.36%和64.50%；信息化学品制造和航空、航天器及设备制造的出口交货值占比则比较低，分别为0.75%和0.85%。同时，这两个细分行业的创新活动也极不活跃，其发明专利申请数占整个高技术产业的比重仅为1.08%和4.05%。这进一步验证了对外贸易和技术创新发展在行业间的分布具有较强的一致性。

### 2.4.4　专利质量有待提升

尽管加入WTO后中国的研发投入持续增加，专利产出规模更是呈爆发式增长。来自世界知识产权组织的数据表明，2019年，中国国家知识产权局受理的专利申请数量高达140万件，占全球总数的比重为44%，连续9年位列全球第一；截至2023年9月，我国有效发明专利达到480.5万件，知识产权大国地位牢固确立。然而，中国的专利发展也存在一些问题，部分专利的维持时间较短、成果转化率偏低。根据世界知识产权组织《2023年全球创新指数报告》，我国拥有的全球百强科技创新集群数量首次跃居世界第一，2023年中国创新指数的排名全球第十二，与部分发达经济体相比仍存在较大差距（如表2.4所示）。此外，中国重大技术装备设备主要依赖于进口，高端制造业对国外零配件的依赖度较高，以华为技术有限公司等为代表的一批高技术企业遭遇以美国为首的发达国家断供芯片等关键零部件及高科技设备和事件，进一步暴露出我国制造业的一些关键核心技术仍受制于人，产业发展随时可能遭受来自发达国家的技术封锁和打击[1][2]。

表2.4　2023年全球创新指数排名（前20名）

| 排名 | 经济体 | 排名 | 经济体 |
| --- | --- | --- | --- |
| 1 | 瑞士 | 8 | 德国 |
| 2 | 瑞典 | 9 | 丹麦 |
| 3 | 美国 | 10 | 韩国 |
| 4 | 英国 | 11 | 法国 |
| 5 | 新加坡 | 12 | 中国 |
| 6 | 芬兰 | 13 | 日本 |
| 7 | 荷兰 | 14 | 以色列 |

---

① 倪雨晴·美国芯片禁令变本加厉：英伟达、英特尔或供应受限，国产AI芯片逆风前行[N]. 21世纪经济报道，2023-10-19（011）.

② 李曦子.美对华芯片围堵再升级[N]. 国际金融报，2024-05-13（001）.

| 排名 | 经济体 | 排名 | 经济体 |
|---|---|---|---|
| 15 | 加拿大 | 18 | 奥地利 |
| 16 | 爱沙尼亚 | 19 | 挪威 |
| 17 | 中国香港 | 20 | 冰岛 |

数据来源：世界知识产权组织《2023年全球创新指数报告》。

## 2.5 中国贸易开放及技术创新的关系初探

自中国改革开放以来，取得了显著成效，尤其是加入 WTO 之后，中国的关税水平大幅下降，非关税壁垒大量取消，中国的进出口贸易快速扩张。与此同时，加入 WTO 后，中国的创新投入和创新产出的增长速度十分惊人，技术创新呈快速发展的趋势。

从进出口贸易和技术创新两者的发展规模来看，加入 WTO 后，两者呈同步上升的发展趋势，且都呈现增长速度快、体量不断扩大、总量不断攀升的典型特征；从区域分布看，两者均存在地区间发展不平衡的特点，具体表现为东部地区拥有更频繁的对外贸易活动和专利创新活动；从行业分布看，两者均集中于高新技术行业，且两者在高新技术行业的细分行业分布上也具有较强的一致性。

归纳而言，加入 WTO 后，中国的进出口贸易和技术创新在发展速度、地域分布与行业分布等方面存在诸多相似点。这是否意味着进出口是影响企业技术创新的重要因素？贸易自由化与技术创新之间又存在怎样的联系？下文结合前人相关理论，构建贸易自由化影响技术创新的分析框架，并结合中国对外开放实践，采用计量分析方法进一步识别贸易自由化与技术创新之间的因果联系，总结中国开放型经济的发展经验。

# 3　基础理论与分析框架

# 3.1　贸易与创新的基础理论

在国际经济学领域，早期的古典贸易理论和新古典贸易理论将技术视为外生给定，强调技术差异引致的比较优势和在此基础上形成的国际分工。此时，国际贸易对技术创新的影响并未引起学者们的关注。20世纪中后期，随着经济学界对经济增长源泉的思考及内生经济理论的发展成熟，加之以克鲁格曼为代表的基于不完全竞争和规模报酬递增假定的新贸易理论的形成，经济学家们发现国际贸易对技术转移和技术创新存在重要作用，并将不完全竞争、规模经济和技术变动等结合起来研究，取得了一系列丰富的成果。弗农（Vernon）、克鲁格曼、格罗斯曼、赫尔普曼等学者的研究对这一领域的发展作出了巨大贡献。21世纪初期，以梅里兹为代表的学者们提出了异质性企业贸易理论，进一步将国际经济学的研究集聚于微观层面的企业差异化行为，推动国际贸易对技术创新的影响研究拓展到异质性企业层面，从而极大地丰富了这一领域的理论成果。

总体而言，熊彼特创新理论、内生经济理论、新贸易理论和异质性企业贸易理论等理论的形成与发展极大地丰富了国际贸易对技术创新作用的相关研究。然而，国际贸易与技术创新的理论散落于各类文献书籍中，并未形成一个完整的理论体系，对于国际贸易影响技术进步的内在机制仍缺乏透彻的理解。本小节按照逻辑顺序对有关的一些重要模型和理论进行总结，为后文的分析框架提供理论基础。

## 3.1.1　产品生命周期理论及国际技术扩散理论

弗农1966年提出的产品生命周期理论（product life cycle theory）是国际技术转移的先驱理论（Vernon，1966）。产品生命周期理论根据产品的技术成熟度将新产品划分为产生期、成长期、成熟期和标准化期4个过程，并探讨了技术创新、模仿和扩散对南北贸易模式与对外直接投资的影响。尽管弗农提出的产品生命周期理论侧重于从技术创新和技术扩散的角度研究国际分工和国际贸易，然而该理论为后来学者研究技术从南方国家到北方国家的扩散提供了启示，并推动了国际技术扩散理论的形成和发展。

克鲁格曼基于产品生命周期理论，首次采用一般均衡模型分析了南北贸易中的技术转移问题（Krugman，1979a）。在克鲁格曼的模型中，假定存在两个国家，即创新的北方和不创新的南方，其中创新仅指开发新产品。北方国家拥有先天的技术优势，它的新产品和新技术会逐渐通过贸易转移到技术落后的南方国家。在与北方国家的贸易中，南方的技术水平不断得到提升。

通过将技术创新内生化，克鲁格曼和赫尔普曼于1991年进一步提出了创新与产品周期模型，即构建了一个将技术变量内生化的动态均衡模型，在一个南北贸易框架下，探讨创新和模仿在产品质量升级和生命周期中的作用，为开放经济条件下发达经济体的内生技术升级和技术从南方扩散到北方提供了理论依据（Grossman and Helpman，1991）。在他们提出的动态一般均衡模型中，企业进行创新和模仿的决策都取决于潜在的利润和研发成本。工业化发达的北方国家的企业利用本国拥有的丰富高技能力劳动力和专业设备的技术比较优势，通过技术创新对产品进行质量改进和提升，进而获得一段时期的垄断利润。当位于中等收入的南方国家的企业开始对自北方国家进口的高质量产品的设计和生产工艺进行模仿时，北方创新者的垄断利润消失；同时，南方国家中成功的模仿者因较低的生产成本优势获得市场份额和垄断租金，直至更高质量的产品在市场中出现；如此循环往复，北方国家的企业和南方国家的企业的产品质量均沿着质量阶梯不断攀升。每种产品的生命周期表现为，先由北方国家研发、生产并出口，后由南方国家技术模仿成功后进行生产和出口。在均衡状态下，技术进步的总速率恒定不变，但贸易国的经济规模和贸易国政府对研发的支持水平会影响创新和模仿的长期增长速度及产品生命周期的平均长度。克鲁格曼和赫尔普曼的研究揭示了国际贸易对技术扩散和技术升级的重要作用，为后期的理论发展提供了依据。

1995年，科和赫尔普曼基于内生经济增长理论，首次对国际研发外溢的大小进行量化（Coe and Helpman，1995）。他们提出了对后来学者有深远影响力的国际R&D溢出模型，即贸易溢出计量模型（以下简称"CH模型"）。CH模型主要研究本国R&D存量、国际R&D存量与全要素生产率的关系，并以进口额为权重构造国外R&D存量。具体公式如式3.1所示。

$$\lg F_i = \alpha_i^0 + \alpha_i^d \lg S_i^d + \alpha_i^f m_i \lg S_i^f \qquad\qquad 3.1$$

式中，$i$代表国家；

$lgF_i$为取对数后的全要素生产率；

$S^d$代表国内的R&D资本存量；

$S^f$代表国外的R&D资本存量；

$m$表示进口占国内生产总值（GDP）的比重。从而，全要素生产率对国内研发资本存量的弹性为$\alpha_i^d$，对国外研发资本存量的弹性为$\alpha_i^f m_i$。CH模型通过采用定量方法揭示了R&D资本在国际的流动，成为后来者研究国际贸易在宏观和中观层面影响一国技术进步的常见做法之一。

### 3.1.2 异质性企业贸易理论和阿吉翁"倒U"形模型

早期的古典贸易理论、新古典贸易理论和新贸易理论都是基于企业同质性的假定进行研究的，然而，越来越多的实证研究表明这一假设与实际情况并不相符。众多学者发现，在现实中只有很小一部分企业从事出口活动，即使在同一个产业内部，出口企业与非出口企业在生产率、规模等方面也表现出巨大差异（毛其淋，2014）。2003年，梅里兹和伯纳德等学者的进一步研究从理论上揭示了企业异质性对国际贸易的重要影响（Melitz，2003；Bernard et al.，2003）。梅里兹对克鲁格曼（1980）的经典贸易模型进行了扩展，在引入企业生产率异质性后，发现只有生产率最高的企业进入出口市场，中等生产率企业仅在国内市场销售，生产率最低的企业将退出市场。这意味着，国际贸易推动了市场份额在产业内部的微观企业间进行调整，并通过资源配置效应促进行业层面的生产率水平提升（Melitz，2003；毛其淋，2014）。伯纳德等学者提出的伯纳德、伊顿、詹森和科图姆模型（BEJK模型）将竞争纳入李嘉图模型，并构建了考虑不完全竞争、国家间要素禀赋差异、产业间要素密集度差异及企业异质性等因素的贸易模型。他们发现，只有生产率较高的企业选择出口（Bernard et al.，2003）。总体而言，梅里兹和伯纳德等学者的开创性研究，促使国际贸易领域的研究由国家和产业层面深入企业层面，推动了异质性企业贸易理论的形成，并促使国际贸易与技术扩散、知识溢出和技术创新的关联得以拓展到微观层面,国际贸易的福利效应研究得到极大的丰富。

在异质性企业贸易理论框架下,阿吉翁(Aghion)等学者创造性地构建一般性的双寡头垄断模型,从理论上指出市场竞争程度与企业创新之间的"倒U"形曲线关系(Aghion et al.,2005)。阿吉翁"倒U"形模型成为后来者研究国际贸易推动的市场竞争程度改变对技术创新影响的重要理论依据。

阿吉翁等人的模型不同于传统熊彼特模型中常见的跳跃式创新(leap frogging)假定,而是采用渐进式创新(Step-by-Step innovation)假定。在以往的内生增长模型中,所有创新都由局外人进行,创新激励更多地依赖于创新后租金。但在阿吉翁"倒U"形模型中,任何行业的当前技术领先者及其追随者均可进行创新,领导者和追随者的创新都是一步一步发生的,即渐进式创新;创新激励依赖于现有企业的创新后租金和创新前租金之间的差异。此时,更多的竞争可能会更多地减少一个公司的创新前租金而不是创新后租金,从而竞争可能会增加创新带来的增量利润,进而促进创新和增长。

该模型假定存在平行的"并驾齐驱"结构(neck and neck,NN)和不平行的"领先者与落后者"结构(leader and laggard,LL)两种产业结构。其中,NN结构是指行业内企业的技术水平较为接近;LL结构是指行业内企业间的技术水平存在较大差异,行业内存在典型的领先者与落后者。当竞争水平较低时,产业主要呈NN结构,逃离竞争效应占主导作用,导致竞争与创新之间表现为正向关系;在竞争水平较高时,产业主要呈LL结构,熊彼特效应占主导作用导致竞争与创新之间表现为负向关系(Aghion et al.,2005)。

### 3.1.3 熊彼特的创新理论

约瑟夫·熊彼特(Joseph Schumpeter)在1912年出版的《经济发展理论》一书中首先提出创新理论(innovation theory),奠定了其"创新之父"的地位。在这本书中,熊彼特对创新的解释为,创新就是建立一种新的生产函数,把一种从来没有过的关于生产要素和生产条件的新组合引入生产体系。企业家的职能就是实现创新,引进"新组合",进而实现经济发展。"创新"或"新组合"包括以下5种情况：①引入新产品，采用一种新的产品或一种产品的一种新的特性；②采用新的生产方法；③开辟一个新的市场，不管这个市场以前是否存在过；④控制原材料或半制成品的一种新的供应来源；⑤实现新组织，如造成一种垄断地位或打破一种垄断地位[①]。

1942年，熊彼特在《资本主义、社会主义与民主》一书中提出著名的"创造性破坏"（creative dstruction）。他提出，"产业突变……不断地从内部使这个经济结构革命化，不断地破坏旧结构，不断地创造新结构"。在创造性破坏的内生动态经济发展过程中，熊彼特强调市场结构和企业规模等因素对企业技术创新的积极影响，并认为垄断的市场结构更有利于大企业进行技术创新。原因在于大公司和垄断者通过大规模控制能够得到其他竞争者很难得到或无法得到的优越的生产方法，并且它们会提高警惕并付出更大精力以保有垄断地位。熊彼特关于创新和经济发展的思想对后来者产生巨大影响，并形成了熊彼特学派或新熊彼特学派。

## 3.2 贸易自由化影响企业技术创新的分析框架

在已有研究的基础上，本章构建了贸易自由化影响企业技术创新的分析框架。货物贸易按照商品的流向可划分为进口贸易和出口贸易。但在进口贸易中，与国内同类产品形成竞争关系的最终品进口和能够为本国企业生产所用的中间品进口对技术创新的影响存在本质差别。结合本领域常见做法，将进口贸易自由化进一步划分为最终品进口贸易自由化和中间品进口贸易自由化两种情况。据此，贸易自由化通过最终品进口自由化引致的进口竞争加剧、中间品进口贸易自由化和出口贸易自由化3个方面影响企业的技术创新。下文分别从这3个方面展开深入探索。

### 3.2.1 进口竞争加剧与企业创新

进口贸易自由化降低了进口产品的关税税率，减少了进口产品的非关税

---

① [美]约瑟夫·熊彼特.经济发展理论[M].北京：商务印书馆，2017，第75~76页.

壁垒，从而降低了国外商品的进入门槛和进口成本，促使与国内产品存在竞争的国外同类商品的进口数量增加。这将加剧国内市场竞争程度[①]，加大国内本土企业的竞争压力，进而影响企业创新行为（Arrow，1962；Aghion et al.，2005；Bloom et al.，2013）。

借鉴简泽等（2017）的做法，假定市场提供质量存在差别的商品组合 $Z=(z_L，z_H，\cdots，z_N)$，其中，$z_L$ 和 $z_H$ 分别表示质量为 $q_L$ 和 $q_H$ 的商品的数量，且 $q_L>q_H$，商品对应市场价格为 $P(z)=(z_L，z_H，\cdots，z_N)$。假定在商品市场上，仅考虑生产者之间存在竞争。对于仅消费低质量产品 $q_L$ 和仅消费高质量产品 $q_H$ 的消费者 $C_L$ 和 $C_H$，在分别给定消费者偏好 $\gamma_L$、效用指数 $u_L$ 和消费者偏好 $\gamma_H$、效用指数 $u_H$ 的情况下，消费者的花费由价值函数 $\theta_L(z_L|\gamma_L，u_L)$ 和 $\theta_H(z_H|\gamma_H，u_H)$ 给出。图3.1给出了消费者对质量分别为 $q_L$ 和 $q_H$ 的商品的价值曲线 $\theta_L$ 和 $\theta_H$。

假定低技术生产者仅供给低质量产品，对应的技术水平为 $\beta_L$，供给函数为 $\gamma_L(z_L|\beta_L，\rho_L)$，其中，$\rho_L$ 为市场均衡时低技术生产者的利润；高技术生产者仅供给高质量产品，对应的技术水平为 $\beta_H$，且 $\beta_H>\beta_L$。高技术生产者的供给函数为 $\lambda_H(z_H|\beta_H，\rho_H)$，其中，$\rho_H$ 为市场均衡时高技术生产者的利润，且 $\rho_H>\rho_L$，即市场均衡时高技术生产者的利润高于低技术生产者的利润。图3.1中，消费者的价值曲线 $\theta_L$、$\theta_H$ 与生产者的供给曲线 $\lambda_L$、$\lambda_H$ 的切点 $E_L$ 和 $E_H$ 分别构成了质量为 $q_L$ 的低质量商品和质量为 $q_H$ 的高质量商品的短期均衡。

---

① 大量文献验证了贸易自由化的促竞争效应。Levinsohn（1993）实证检验了国际竞争加剧迫使土耳其国内企业在更激烈的环境中竞争。Krishna 和 Mitra（1998）发现1991年印度的贸易自由化显著降低了价格——边际成本加成，促进了国内竞争。Chen 等（2009）利用1989—1999年欧盟制造业加总数据进行研究，发现贸易开放在短期内存在促竞争效应，并伴随价格和价格成本加成的下降及生产率的上升。

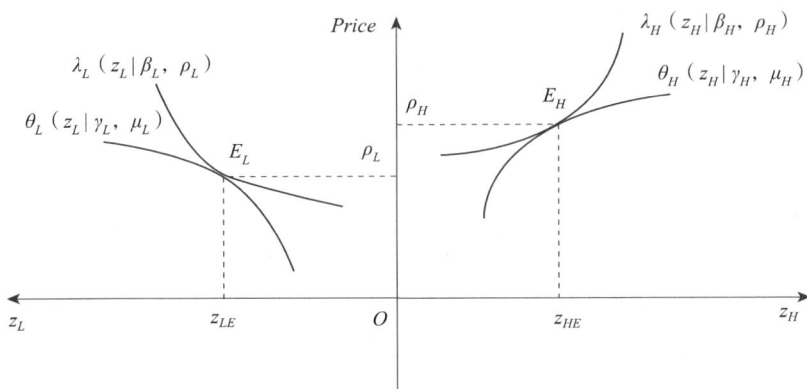

**图3.1 低质量商品和高质量商品的市场均衡**

图片来源：参考简泽等（2017）绘制而成。

### 3.2.1.1 熊彼特效应

在垄断竞争和寡头垄断的市场结构中，企业的利润与所拥有的市场势力密切相关。企业进行创新的部分预期利润源于对产品的垄断或对技术的垄断。熊彼特创新理论指出，由于大公司和垄断者通过大规模控制能够得到其他竞争者很难得到或无法得到的优越的生产方法，并且它们会提高警惕并付出更大精力以保有垄断地位[①]，因此垄断的市场结构将促使大企业开展更多的技术创新活动。但完全竞争会使企业无法获得超额利润，进而抑制企业技术创新。据此推断，进口贸易自由化带来的进口竞争加剧可能降低诱发企业投资于创新活动的垄断利润，对企业创新产生消极影响。该效应被称为熊彼特效应。

图3.2刻画了进口竞争加剧对企业技术创新的可能影响。从当期来看，进口竞争加剧降低了企业的市场势力，促使企业当期的垄断租金直接下降，企业创新活动将有所减少。假定贸易自由化促使国外产品大量涌入，并加剧国内市场竞争，此时，国外实际供应商的增加导致同一产业内的产品供应商直接增多，而市场的消费者数量和偏好并未改变，竞争加剧推动企业降低产品销售价格，低质量产品和高质量产品生产者的供给曲线分别下移至$\lambda_L{}'$

---

① [美]约瑟夫·熊彼特. 资本主义、社会主义与民主[M]. 吴良健译. 北京：商务印书馆，2017，第146~147页.

$(z_L|\beta_L, \rho_L')$ 和 $\lambda_H'(z_H|\beta_H, \rho_H')$，此时市场上产品的总供给由均衡状态的 $z_{LE}$、$z_{HE}$ 增加至 $z_{LE}'$、$z_{HE}'$。但由于产品价格下降，企业能够获得的垄断租金直接降低，低技术生产者和高技术生产者的利润分别降至 $\rho_L'$ 和 $\rho_H'$，利润的下降直接导致企业可用于研发的资金减少。

从企业预期来看，进口竞争加剧会促使企业的预期垄断租金有所下降，企业的创新动力受到抑制。随着竞争的加剧，企业即使创新成功了，也将面临比贸易开放之前更多的实际竞争者和潜在竞争者，未来的市场销售前景不被看好，企业对市场势力的预期和对创新产品获取创新垄断收益的周期时长的预期均有所减少，企业预期创新回报率下降。以图3.2为例，对于生产低质量产品的厂商而言，在不存在进口竞争冲击时，它们可以通过产品创新实现高质量产品的生产，进而获得 $\rho_H$ 的利润；但当进口竞争加剧时，它们预期通过产品创新实现高质量产品的生产而获得的预期利润下降为 $\rho_H'$，即当进口竞争加剧时，企业从事创新预期能够获得的收益将低于进口竞争较少时企业从事创新预期能够获得的收益。在此预期下，企业将直接减少创新活动。

归纳而言，进口竞争加剧降低了企业的市场势力，促使企业当期和预期的垄断租金（或利润）下降，企业创新活动将有所减少。

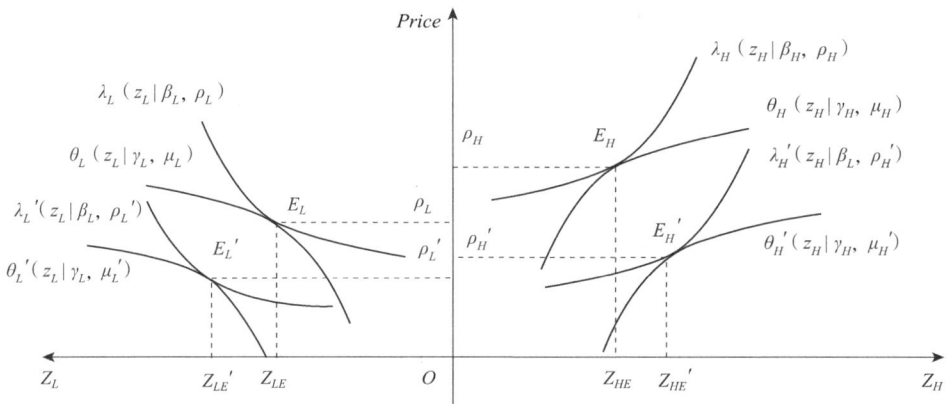

**图3.2 进口竞争加剧与市场均衡**

图片来源：参考简泽等（2017）绘制而成。

### 3.2.1.2 逃离竞争效应

阿罗（Arrow）（1962）在研究竞争与创新之间的关系后得出了与熊彼

特等学者完全相反的结论。他比较了企业在拥有事前市场势力和完全竞争下从事研发能够获得的收益后指出，垄断者通过创新获取的收益增加是新旧垄断租金之差。竞争性厂商通过创新获得垄断地位得到的收益增加是新的垄断租金（完全竞争时没有垄断租金），因此，充分竞争的市场环境更有利于激发企业的创新活动。当面临竞争压力时，部分企业为了逃离激烈市场竞争将积极开展创新活动并努力提高效率，形成逃离竞争效应。在这种情况下，竞争性市场结构更有利于激发创新（Geroski，1995；Blundell et al.，1999）。这意味着，当竞争压力增大时，部分企业为了获取更高利润，有动力通过创新来实现技术革新或产品更替。

参考本领域常见做法，将企业的创新分为过程创新和产品创新两种类型。其中，过程创新指生产过程中原有产品的技术水平的提高，产品创新指生产过程中新产品的创造和新旧产品的更替。

图3.3展示了当进口竞争压力上升时，企业依靠过程创新推动技术革新引致的利润变化。假定进口竞争压力升高促使市场的均衡价格降至与图3.2相同的水平，消费者的偏好不变，效用和价值曲线仍与图3.2相同。但与之不同的是，企业通过技术创新将技术水平从 $\beta_H$ 提高至 $\beta_H''$，企业的单位生产成本下降，市场均衡时企业的利润从 $\rho_H'$ 提高至 $\rho_H''$。尽管企业通过过程创新获得的利润 $\rho_H''$ 可能小于不存在进口竞争压力升高时的利润 $\rho_H$，但大于进口竞争压力升高而不进行技术创新的均衡利润 $\rho_H'$，也就是说，企业为了逃避激烈的市场竞争存在强烈的创新动力，使竞争带来的利润减少的幅度更小。值得注意的是，一方面，高技术企业的前期利润 $\rho_H$ 往往高于低技术企业的前期利润 $\rho_L$，故而高技术企业拥有更充足的资金开展创新活动；另一方面，高技术企业的前期技术水平 $\beta_H$ 高于低技术企业的前期技术水平 $\beta_L$，因此受益于企业内部的技术积累，高技术企业更容易通过创新实现技术水平的提升和利润的增加。综合上述两个方面原因，技术逃离效应在高技术企业中更为突出。当企业可以通过创新来逃避竞争，较低的贸易壁垒引发的更大竞争会导致企业增加而不是减少创新。

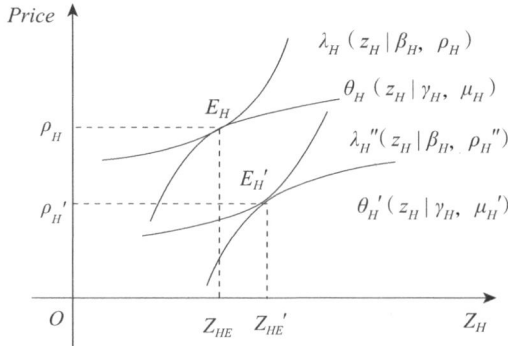

图3.3　进口竞争加剧与高技术企业的过程创新

图片来源：笔者绘制。

图3.4展示了当进口竞争加剧时，企业通过产品创新推动技术革新引致的供给曲线和利润变化。类似地，与低技术企业相比，高技术企业得益于自身更高的技术水平 $\beta_H$ 而更易实现产品创新。当企业通过创新实现新产品生产时，就可以进入竞争不激烈的细分市场从而逃避竞争，并获得更高的市场价格 $p_{NEW}$ 和更高的市场利润 $\rho_{NEW}$。此时，与不存在进口竞争加剧的市场均衡利润相比，企业的利润增加幅度是 $\rho_{NEW}-\rho_H$；与存在进口竞争加剧的市场均衡利润相比，企业的利润增加幅度是 $\rho_{NEW}-\rho_H'$，且 $\rho_{NEW}-\rho_H<\rho_{NEW}-\rho_H'$。这意味着，当进口竞争加剧时，在利润驱使下，企业存在更大的动力通过创新来逃离市场竞争。

归纳而言，进口竞争加剧通过熊彼特效应阻碍了企业技术创新，又通过逃离竞争效应促进了企业技术创新。由于逃离竞争效应对高技术企业的创新推动作用较大，对低技术企业的创新推动作用较小，据此得出结论，贸易自由化推动的进口竞争加剧对低技术企业的创新阻碍作用更大（或创新促进作用更小），对高技术企业的创新阻碍影响更小（或创新促进作用更大）。

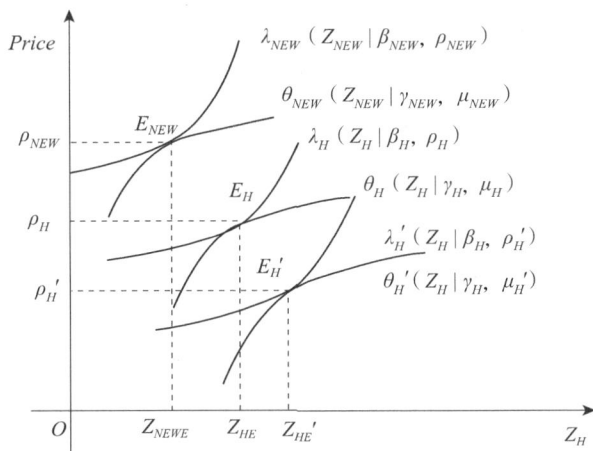

**图3.4  进口竞争加剧与高技术企业的产品创新**

图片来源：笔者绘制。

## 3.2.2 中间品贸易自由化与企业创新

创新活动本质上是新知识的生产和创造活动（Pakes and Griliches，1980；王然等，2010）。借鉴王然等（2010）的做法，将企业的创新产出视为物质生产在知识产出领域的延伸，并采用经济学界常用的柯布—道格拉斯函数度量，即

$$Inno_f = A_j \times K_j^{\alpha} \times L_j^{\beta} \times f(M_{jd}, M_{jo})^{\gamma} \qquad 3.2$$

式中，$A_j$ 为企业 $j$ 的技术创新效率；

$K_j$ 表示企业 $j$ 的研发资本投入（不包括研发设备投入）；

$L_j$ 表示企业的研发劳动投入。

与王然等（2010）不同的是，除研发资本投入和研发劳动投入外，式3.2还考虑了企业在技术创新过程中可能使用到的国内中间品投入 $M_{jd}$ 和国外中间品投入 $M_{jo}$ 对创新产出的影响。这些中间品包括企业研发中可能用到的零配件和研发设备[1]。其中，$\alpha > 0$，$\beta > 0$，$\gamma > 0$，$f(M_{jd}, M_{jo})$ 为中间品投入

---

[1] 除文献综述部分外，本书所指中间品均包括资本品。对于中间品和资本品两者的关系，部分文献将两者视为两类产品分开研究，如沈国兵和于欢（2019）、许家云等（2017）等。部分文献认为中间品包含资本品，如楚明钦和陈启斐（2013）、Feng et al.（2016）等。结合本书的研究目的，将资本品视为中间品的一个类别。更详细的说明见第五章。

$M_{jd}$ 和 $M_{jo}$ 的单调递增函数。随着知识生产过程的复杂化，创新过程中使用到的零配件和研发设备的先进性也将影响企业的创新产出。

综合创新产出公式 3.2 和现有相关文献，中间品进口贸易自由化对企业技术创新的影响可以归纳为技术溢出效应、技术互补效应和研发激励效应。

### 3.2.2.1 技术溢出效应

首先，中间品贸易自由化通过直接提高企业的创新效率 $A$，提升了企业技术创新产出。早期理论研究指出，高质量中间投入品在推动技术进步方面发挥重要作用（Ethier，1982；Markusen，1989；Grossman and Helpman，1991）。高质量中间品是发达国家先进技术跨国溢出的重要途径之一（Coe and Helpman，1995）。由于中间品贸易自由化降低了投入品和零配件的进口成本，从而促使发展中国家本土企业有机会接触和购买源自发达国家的丰富品种和质量上乘的中间投入品（Goldberg et al.，2009；Halpern et al.，2015）。由于进口存在沉没成本或固定成本，只有高效率的企业才能参与进口市场，贸易自由化带来的进口固定成本下降，促使部分中低效率企业得以进入进口市场采购研发所需的高端设备。随着进口中间品的增加，企业在生产过程中接触并使用了更多品种的关键零配件投入品和先进生产设备资本品。来自发达国家的高质量投入品和关键零部件内含先进工艺，对进口企业产生直接的技术溢出效应，进而提高企业的技术水平和创新能力（Halpern et al.，2015）。企业技术创新效率 $A$ 在中间品贸易自由化过程中得到快速上升。需要提及的是，制造业分工的精细化促使大批进口投入品经历国内的再制造过程，并有可能被企业非直接使用。这使国外投入品带来的技术外溢效应不仅存在于进口企业，也会扩散到非进口企业，进而推动产业层面创新能力的提升，形成正向的创新激励效应（Schor，2004）。

其次，随着进口中间品的技术交流有助于提高人力资本 $L$ 的质量，提升人力资本对创新的边际效应 $\beta$，从而促进企业技术创新水平提升。知识经济时代，人才资源是第一资源，也是创新活动中最为活跃、积极的因素。根据面对面交流理论，知识中包含的不易被编码、储存和共享的隐性知识的流动更多地依赖于人们的面对面交流（郭进和白俊红，2019）。隐性知识是指难以通过语言、文字等物质载体进行记述的知识，如工作经验、诀窍等（李锡元等，2006）。依据网络结构理论，人与人、人与组织、组织与组织之间的关系是一种客观存在的社会结构，是相互交往而产生的一种纽带联系。研发人员之间频繁的交流和联系有助于拓宽研发人员的社会网络关系，促进企业间的有效知识交流。高附加值创新活动往往更依赖于人们直接的沟通和交流，高技术人员和研发人员之间的知识交流活动对新知识的创新和转移具有重要作用（Glaeser and Maré，2001；董艳梅和朱英明，2016；林敏，2018）。由于在中间品采购过程中，进口企业有机会与国外供应商进行技术交流，企业技术人才获得了更多与国外不同供应商进行技术交流的机会，在某些情况下还能得到来自国外供应商的技术指导。技术交流与指导有助于扩大企业技术工人和研发人员的知识交流网络，促进知识和技术要素在国际上的传播，帮助各类人才接触并学习产业前沿的核心技术和无形知识，带来进口中的学习效应，促进新知识的创造和企业创新能力在短期内的快速提升，并通过提升人力资本 $L$ 的边际创新效应 $\beta$ 提高企业创新产出。

### 3.2.2.2 技术互补效应

中间品贸易自由化提高了企业进口研发所需的国外中间品 $M_{jo}$ 的质量和种类，提升了研发所需的中间品对创新的边际效应 $\gamma$，促进了企业技术创新水平的上升。随着制造业技术水平的不断积累与提升，工业产品的生产工艺日趋复杂，企业开展创新活动所需的中间品种类越来越多；进口种类的增加可以丰富企业研发过程中可资利用的资本品、半成品和零部件品种，且进口中间品与国内中间品、不同种类的进口中间品之间均可产生互补效应，促进企业创新能力的提升（Halpern et al.，2015）。此外，目前中国中高端产业的创新活动仍以技术追赶和追随学习为主，技术追赶和学习创新是一国企业在技术相对落后情况下的一种有效的自主创新方式，也是各国企业普遍采用的一种创新模式。中间品进口种类多样化有利于企业学习不同国家，尤其是发达国家的先进技术，并通过"相互搭配"的模式加快创新过程（安同良等，2020）。

### 3.2.2.3 研发激励效应

中间品贸易自由化通过扩大企业研发资本投入 $K$ 的规模对企业技术创新

产生重要促进作用。由公式3.2可知，企业在创新过程中研发资本投入的边际效应为

$$\frac{\partial Inno}{\partial K} = \alpha \times A_j \times K_j^{\alpha-1} \times L_j^{\beta} \times f\left(M_{jd}, M_{jo}\right)^{\gamma} \qquad 3.3$$

一方面，中间品贸易自由化通过提升研发资本投入的边际创新产出 $\frac{\partial Inno}{\partial K}$，促使企业增加研发投入规模 $K$，提高创新产出。

在中间品进口过程中，企业创新效率 $A$、人力资本的边际效应 $\beta$、中间品的边际效应 $\gamma$ 均存在不同程度的上升。这使研发资本投入的边际创新产出 $\frac{\partial Inno}{\partial K}$ 有所提高。$\frac{\partial Inno}{\partial K}$ 的上升会增加企业的预期创新回报率，从而激励企业加大研发投入进行自主创新。随着进口中间品的金额增加和种类扩张，中间品所内化的知识和技术也更为丰富，研发激励效应会更大。

另一方面，进口中间品的成本下降和种类的增加通过减少研发资金约束，促使企业加大研发投入，提升创新水平。中间品贸易自由化促使来自发达国家的包含先进技术、制造工艺的中间品的进口成本减少，产生直接的成本节约效应。海外中间品的成本下降和种类增加提升了企业的全球资源配置效率，提高了企业的生产效率、价格加成和利润收入，减轻了企业资金约束，进而促使企业将更多可用资金投入长周期的自主创新活动（Bas and Strauss-Kahn，2014；毛其淋和许家云，2017）。

综上所述，中间品贸易自由化对企业技术创新具有积极促进作用。作用渠道主要体现为技术溢出效应、技术互补效应和研发激励效应。

### 3.2.3 出口贸易自由化与企业创新

#### 3.2.3.1 市场规模扩大效应

贸易自由化降低了国内企业的出口门槛和出口成本，并通过推动企业出口扩张影响微观企业的创新活动。

一方面，出口有利于企业通过生产规模化降低单位产品生产成本，并提高企业利润，促进创新支出。依据新贸易理论，规模经济是解释国际贸易分工和分析贸易利得来源的重要因素之一（Krugman，1979b）。对于存在规模经济的企业而言，产品的销售量越大，单位产品的生产成本越低。出口贸易

自由化使企业的出口门槛和出口成本降低，并推动企业在扩大出口的同时通过规模化生产降低单位成本，增加产品价格加成，并最终提升利润。利润的提升有利于企业将更多资金用于研发创新。另一方面，出口贸易增加了创新者的技术创新报酬，并进一步激发企业的创新动力。随着出口市场的放开，企业可以在更大的市场范围内实现创新成果的市场价值。这促使企业有更强的动力通过过程创新实现生产成本的下降，或者通过产品创新推动更高质量产品的供给。市场规模扩大使规模经济更易达成。有研究表明，出口商为了减少生产成本会增加过程创新，而非出口商因不存在规模效应使其过程创新不受影响（Dhingra，2013）。

### 3.2.3.2 出口学习效应

贸易开放促使更多企业从事出口。激烈的国际市场竞争有利于企业学习国外先进技术，并对创新和生产效率产生积极影响，形成出口学习效应。首先，企业在进入新出口市场时，往往需要进行消费者市场调研和同类产品调研。在调研国外同类竞争产品的过程中，企业将对行业前沿技术有更深入的认识，并对自身的创新研发产生正面影响。这将有利于企业创新效率的提高。其次，产品进入出口市场需要满足出口国家或地区的相关产品生产标准。为了使产品符合出口市场标准，企业需要采取创新产品技术、改进生产工艺、创新生产环节等一系列方式，故而企业的创新能力将得以改善。最后，对于以国外购买方为标准进行生产的产品而言，企业在产品生产过程中可以得到国外购买方的技术支持。帕克（Park）等（2010）总结了出口学习效应可能包括的5个方面内容，即从海外购买方得到的技术支持、对更先进生产技术知识的接触、国外市场的更高质量标准、对新产品更快速学习的能力及扩大销售带来的更高产能利用率。

### 3.2.3.3 出口竞争效应

出口贸易自由化使进入国外市场的固定成本和贸易壁垒都有所减少，原来部分未进入国外市场的企业得以开拓新市场。通过推动更多企业参与出口，出口贸易自由化加剧了出口竞争，给原出口商的利润带来了负面影响，并降低了企业的出口预期收益。由于竞争与创新的关系依赖于熊彼特效应和逃离竞争效应的双重作用，故出口竞争效应可能促进抑或阻碍企业技术创新。

然而，与高生产率企业相比，生产率低下的原出口商更易面临出口市场的萎缩和出口利润的减少，创新激励有所下降。因此，对于生产力低下的出口企业而言，出口竞争效应的负面影响更大（Aghion et al.，2018）。

总之，出口贸易自由化通过市场规模扩大效应和出口学习效应推动企业技术创新水平提升，也可能通过出口竞争效应促进或阻碍企业技术创新，且出口竞争效应影响的方向和大小与企业的生产率水平密切相关。

## 3.3 本章小结

由前文分析可知，贸易自由化对企业技术创新的影响涉及企业的中间品采购、人力资本质量变动、研发决策、国内销售和出口销售等方面。归纳而言，贸易自由化通过下述 3 个方面影响企业技术创新：第一，贸易自由化通过进口竞争冲击影响企业技术创新。贸易自由化通过推动与国内同类产品形成竞争关系的最终品进口的增加，促进进口竞争加剧，并可能产生抑制企业技术创新的熊彼特效应，也可能形成激发企业技术创新的逃离竞争效应。第二，贸易自由化通过推动中间品进口促进企业技术创新。该促进作用主要体现为技术外溢效应、技术互补效应和研发激励效应。第三，贸易自由化通过推动出口市场对企业技术创新产生影响。贸易自由化降低了国内企业的出口门槛和出口成本，推动更多的企业进入出口市场，形成有利于技术创新的市场规模扩大效应和出口学习效应；同时，过多的出口商进入又会给原出口企业带来可能促进或阻碍技术创新的出口竞争效应。图 3.5 总结了贸易自由化影响企业技术创新的主要传导路径。

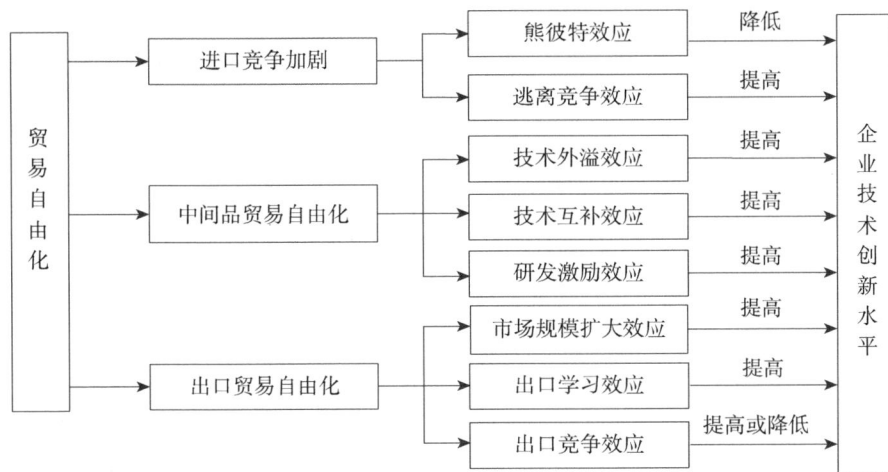

图3.5 贸易自由化影响企业技术创新的路径

# 4 进口竞争加剧影响企业技术创新的实证分析

# 4.1 引言

加入 WTO 后，中国进口关税大幅下降，进口总额从 2002 年的 2.44 万亿元增长至 2015 年的 10.43 万亿元，年均增长率超过 10%。2008 年，国际金融危机爆发后，全球经济低迷，为缓解日益加剧的中外贸易摩擦，中国的对外贸易政策由"出口导向型外贸政策"逐渐转向"进口和出口并举的外贸政策"。2012 年，国务院发布《关于加强进口促进对外贸易平衡发展的指导意见》，释放出鼓励进口的积极信号。2014 年，国务院印发《关于加强进口的若干意见》，强调"实施积极的进口促进战略"；2014 年，国务院印发《关于支持外贸稳定增长的若干意见》。2018 年博鳌亚洲论坛中，习近平总书记提出，中国将采取大幅放宽市场准入、创造更有吸引力的投资环境、加强知识产权保护、主动扩大进口 4 项重大举措进一步扩大开放①。为了促进进口，中国于 2018 年成功举办第一届中国国际进口博览会。截至 2023 年 12 月，中国已顺利召开六届国际进口博览会，释放出中国积极扩大进口的强烈信号。可见，在未来一段较长的时期内，进口仍将作为中国对外贸易的重要组成部分。那么，进口扩张引发的进口竞争加剧对中国企业的技术创新有哪些影响呢？对异质性企业技术创新的影响有何差异呢？这些问题的研究，对于如何促进中国制造业企业技术创新水平提升具有深刻的政策含义。本章通过实证检验加入 WTO 后进口关税削减引致的进口竞争加剧，对企业创新规模和创新质量的影响，为进口竞争与技术创新之间的关系提供新的证据，为我国不断推进的市场化改革提供一定的启示。

---

① 习近平在博鳌亚洲论坛 2018 年年会开幕式上的主旨演讲 [EB/OL].（2018-04-10）[2026-06-20]. http://www.gov.cn/xinwen/2018-04/10/content_5281303.htm.

# 4.2 经验识别方法及模型设定

## 4.2.1 准自然实验环境[①]

加入 WTO 是中国对外开放的一个重要里程碑。1978 年，中国开始实行对内改革、对外开放的政策，与全球的经济贸易联系日益增多。1986 年 7 月，中国正式向关贸总协定提出恢复中国缔约国地位的请求，即通常所说的"复关"申请。1995 年 WTO 成立，中国的复关谈判转为加入 WTO 谈判。经过长达 15 年的复关和加入 WTO 谈判，中国于 2001 年 12 月正式成为 WTO 成员。加入 WTO 后，中国大幅削减了进口关税，有步骤地扩大了开放领域，逐步放开外贸经营权，大量取消配额和许可证（简泽等，2017）。经笔者计算，中国制造行业的平均税率由 2001 年的 16.9% 降至 2002 年的 12.8%，2015 年则进一步降为 9.9%。

从复关到加入 WTO 经历了 15 年的漫长谈判。据此推断，2001 年中国成功加入 WTO 对于微观市场主体而言是不可预测的外生冲击；同时，加入 WTO 后，中国制造业进口关税削减的依据是中国与各世贸组织成员长时间、多回合谈判的结果，故受国内各行业、各企业的干预较低。基于上述两个方面原因，本书认为加入 WTO 对中国企业而言是相对外生的，并借鉴周茂等（2016）、简泽等（2017）和刘等（2021）等国内外学者的做法，将加入 WTO 视为一个市场竞争程度改变的准自然实验，以识别贸易自由化引致的进口竞争加剧对企业技术创新的影响。

## 4.2.2 模型设定

加入 WTO 后，中国大幅削减了进口关税，也采取了逐步放开外贸经营权、大幅取消配额和许可证等一系列非关税措施（简泽等，2017）。然而，为了能对贸易自由化程度进行准确衡量，遵循学界的常规做法，本书选取关税税率衡量贸易自由化水平。刘等（2021）的研究发现，加入 WTO 引发的

---

[①] 准自然实验是社会科学研究的一种方法，它采用一定的操控程序，利用自然场景，灵活地控制实验对象。准自然实验方法已在经济学中得到广泛运用。

贸易自由化对中国不同制造行业的冲击存在显著差异。借鉴刘等（2021）的做法，笔者绘制了2001—2015年中国三位数制造行业[①]进口关税削减幅度与2001年行业进口关税水平的散点图，如图4.1所示。

从图4.1可知，2001—2015年中国制造行业进口关税削减幅度与2001年行业进口关税水平呈显著正相关关系。加入WTO前的高关税行业在加入WTO后的关税削减幅度更大，而加入WTO前的低关税行业在加入WTO后的关税削减幅度更小。这意味着，与加入WTO前的低关税行业相比，加入WTO前的高关税行业在加入WTO后遭遇了更大程度的贸易自由化冲击和市场竞争环境变化[②]。

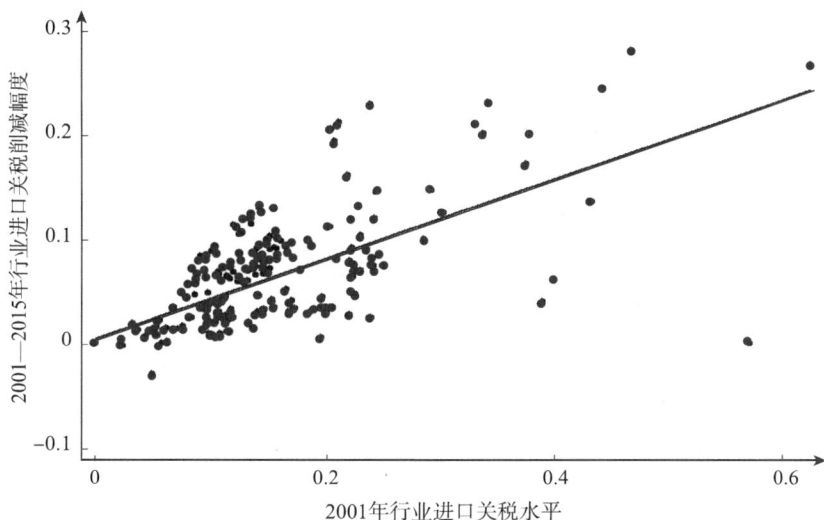

**图4.1 行业进口关税削减幅度与2001年行业进口关税散点图**

图片来源：根据中国工业企业数据库、世界银行世界综合贸易解决方案（World Integrated Trade Solution，WITS）数据库和WTO关税数据库（Tariff Download Facility）的数据计算得来[③]。

---

① 三位数制造业行业是指在我国《国民经济行业分类》中位于中类且属于"制造业"门类的行业；本文所指三位数行业均指三位数制造业行业。

② 笔者逐一计算了三位数制造行业2002—2015年各年进口关税税率与2001年关税税率的差额，以及各年税率差额与2001年进口关税水平的相关系数，发现所有相关系数均超过0.75，从而进一步证实2001年的高关税行业在加入WTO后经历了更大幅度的关税削减。

③ 世界银行WITS数据库网址：https://wits.worldbank.org/；WTO关税数据库网址：http://tariffdata.wto.org/。

进口关税削减为本书的研究提供了一个市场竞争程度明显变化的准自然实验环境：首先，进口关税削减构成了一个近乎外生的贸易政策冲击；其次，那些进口关税削减幅度较大的行业构成了处理组，进口关税削减幅度较小的行业构成了控制组（Liu and Qiu，2016）。在这一准自然实验框架下，参考刘和邱（2016）和刘等（2021）的做法，将加入WTO前的高关税行业和低关税行业分别视为处理组和控制组，构造如式4.1所示的连续型双重差分模型，以研究贸易自由化引致的进口竞争加剧对企业技术创新的影响。

$$Inno_{fit}=\beta_0+\beta_1 Tariff_{i2001}\times WTO_t+X_{fit}'\gamma+Z_{it}'\delta+\theta_f+\lambda_t+\mu_{fit} \qquad 4.1$$

式中，下标 $f$、$i$、$t$ 分别表示企业、三位数行业和年份；

$Inno_{fit}$ 表示企业技术创新；

$Tariff_{i2001}$ 为行业 $i$ 在进口竞争冲击前一年即2001年的进口关税水平（由于中国在2001年12月11日正式成为WTO成员，并从2002年起大幅削减进口关税，参考常规做法，将2001年视为准自然实验发生前的最后一年）；

$WTO_t$ 为是否加入WTO的年份虚拟变量（该指标在2001年及以前取值为0，此后取值为1）；

$X_{fit}'$ 代指企业层面的控制变量集，具体包括企业年龄、企业经营规模、企业所有制性质、企业出口强度、企业资本劳动比和政府补贴；

$Z_{it}'$ 为行业层面的控制变量集，包括行业内企业数量、行业赫芬达尔指数和行业平均固定资产；

$\theta_f$ 为企业固定效应；

$\lambda_t$ 为时间固定效应；

$\mu_{fit}$ 为随机扰动项。

交乘项 $Tariff_{i2001}\times WTO_t$ 的回归系数 $\beta_1$ 是本书关注的重点。与加入WTO前的低进口关税行业企业相比，加入WTO前的高进口关税行业企业在加入WTO后遭受了更大程度的进口关税削减和进口竞争冲击，因而系数 $\beta_1$ 反映了加入WTO后，进口关税减让幅度更高的行业内企业的技术创新相较于关税减让幅度更低的行业内企业的变化情况。若 $\beta_1$ 显著为正，则进口竞争加剧促进了企业技术创新；若 $\beta_1$ 显著为负，则进口竞争加剧阻碍了企业技术创新。

值得说明的是，余（2015）、毛其淋和许家云（2016）等的研究均采用了分别以一般贸易企业和加工贸易企业作为处理组与控制组的双重差分方法进行研究。由于只有进口或出口企业才能被识别是否为加工贸易企业，这种双重差分法将损失大量的非进出口企业样本。与其不同的是，本书所构建的双重差分模型的研究框架不需要识别企业的贸易类型，故得以将所有规模以上微观企业样本纳入分析，而不仅局限于进口企业或出口企业，从而有利于全面评估进口竞争压力对微观主体创新活动的影响。

此外，在贸易自由化进程中，同一行业的企业受到大致相当的进口关税削减冲击，即同一行业的企业在受进口竞争影响方面具有高度相关性，且这种截面相关性会造成回归系数的标准误估计是有偏的，即影响回归系数估计的有效性，并导致统计推断结果的不正确。为此，借鉴简泽等（2017）的做法，在回归过程中采用三位数行业层面聚类的标准误进行统计推断。聚类标准误的数值通常远高于稳健标准误，甚至数倍于常规标准误。聚类标准误的使用可以有效地解决微观数据的纵向相关性和截面相关性，从而提高统计推断的正确性和可靠性。

### 4.2.3 变量选择

#### 4.2.3.1 解释变量：$Tariff_{i2001} \times WTO_t$

其中，$Tariff_{i2001}$为行业$i$在2001年的进口关税税率；$WTO_t$为是否加入WTO的年份虚拟变量。

行业进口关税税率的计算方法：

首先，整理HS层面的进口关税数据。依据进口国（地区）的差别待遇和特定情况，进口关税包括普通关税、最惠国待遇关税、协定关税、暂定关税等种类。由于加入WTO后，中国对大部分进口来源国（地区）的进口产品适用的关税税率为最惠国待遇关税税率，为简化计算，便于跨年度比较，借鉴章韬等（2019）等大多学者的做法，采用最惠国税率度量进口关税水平。此外，由于HS编码每5年调整一次，故1998—2001年、2002—2006年、2007—2011年和2012—2015年的进口关税税率分别采用HS1998、HS2002、HS2007和HS2012版本。为使样本期内HS六位码的统计口径保持一致，遵循学界常规做法，依据联合国统计局提供的HS编码转换表，将所有年份的 HS 六位码关税统一为 HS2002 版本[①]。

其次，将 HS 六位码产品匹配到国民经济行业。根据勃兰特等（2017）提供的 HS2002 六位码与国民经济行业分类代码对照表，统计三位数制造行业所包含的所有 HS 六位码产品[②]。

最后，将各年份三位数行业包含的 HS 层面进口关税税率加权平均，得到行业层面的进口关税水平。本书采用 HS 六位码包含的八位税号数量作为权重进行加权平均。

从之前的分析可知，$Tariff_{i2001}$ 越大，行业在加入 WTO 前的进口关税越高，加入 WTO 后遭遇的进口关税削减幅度越大，行业内企业遭遇的进口竞争冲击越激烈；反之，$Tariff_{i2001}$ 越小，行业在加入 WTO 前的进口关税越低，加入 WTO 后遭遇的进口关税削减幅度越小，从而行业中的企业遭遇的进口竞争冲击越轻微。

### 4.2.3.2 被解释变量：企业技术创新（Inno）

经济合作与发展组织（Organization for Economic Cooperation and Development，OECD）指出，技术创新包括新产品和新工艺，以及产品和工艺的明显变化。学界测度企业技术创新的常见指标包括研发投入、新产品产值和专利产出等。研发投入和新产品产值数据均由企业自主申报，准确度相对偏低，但专利数据是由国家知识产权局官方收集确认后统一公开的，具备较高的权威性、完整性和连续性（安同良等，2020）。此外，与实用新型专利和外观设计专利相比，发明专利更能反映企业的核心技术能力和突破式创新能力，因此本书采用企业的发明专利活动度量技术创新水平。

为了从"量"和"质"两个维度测度企业的技术创新，本书使用企业发明专利的申请量加 1 后取对数来衡量企业技术创新规模（Inno_no），使用企业发明专利的质量度量企业技术创新质量（Inno_qua）。

对于专利质量的度量，参考勒纳（Lerner）（1994）、廖进球和巫雪芬（2021）的做法，采用知识宽度法测度。知识宽度法通过统计企业每条专利

---

① 联合国统计司的 HS 编码转换表详见网址 https://unstats.un.org/unsd/classifications/econ/。
② Brandt 等（2017）的 HS2002 六位数代码与国民经济行业分类代码对照表详见网址 https://www.aeaweb.org/articles?id=10.1257/aer.20121266。

涉及的国际专利分类（international patent classification，IPC）的分类号信息，捕捉专利包含知识的复杂程度和广泛程度。利用知识宽度法测算企业专利质量的具体步骤如下：

首先，整理所有样本企业在样本期间内申请的每一条发明专利的 IPC 分类号信息，并提取专利层面的 IPC 分类号大组信息。

其次，参考赫芬达尔指数的计算思路对每条专利的 IPC 分类号每个大组分类占比进行加权，得到专利层面的知识宽度信息。具体计算公式为

$$Inno\_qua = 1 - \sum Ratio^2 \qquad 4.2$$

式中，$Ratio$ 为专利 IPC 分类号大组分类所占比重。

假定某个专利有 3 个 IPC 分类号，分别为 A01N51/00、A01N43/90 和 A01P7/04，则对应的 IPC 大组分类为 A01N51、A01N43 和 A01P7，且大组分类占比都为 1/3。经计算，该专利的专利质量为 0.67。由此可见，专利质量 $Inno\_qua$ 的数值越大，专利涉及的技术覆盖范围和多样化程度越高，专利的知识宽度越大。

最后，采用最大值法将专利知识宽度信息加总到企业层面，从而得到不同年份企业层面的专利质量。尽管部分学者采用中位数法和平均值法对企业的专利知识宽度信息进行加总，然而，值得注意的是，当企业专利申请数量较多或企业高质量专利数量较少时，采用中位数法和平均值法进行加总易受低质量专利的影响，并可能低估企业的专利质量。参考曲如晓等（2021）的做法，笔者采用最大值法将专利知识宽度信息加总到企业层面。

### 4.2.3.3 控制变量

参考刘和邱（2016）、阮敏和简泽（2020）、刘等（2021）等文献的做法，选取以下控制变量：

（1）企业年龄（$lgage$）。用当前年份减去企业成立年份度量并取对数形式。根据生命周期理论，企业年龄的增长有助于经营经验的增加和创新水平的提升。然而，年长企业也有可能因为在已有产业进行了大量沉淀投资，不愿轻易进行产业调整和创新。结合中国国情，早期成立的企业更有可能存在一些历史遗留的债务和管理体制问题，以至于阻碍技术创新活动的开展（毛其淋和盛斌，2013）。

（2）企业经营规模（*lglabor*）。采用取对数后的企业职工人数度量。熊彼特创新理论指出，企业规模越大，从事技术创新的动力通常越强。与中小型规模企业相比，大型企业更容易实现规模效益，且有更好的外部资源进行研发。此外，大型企业抵抗研发失败风险的能力更强，研发成功的回报往往更大，且相对有更多的时间进行研究与开发。然而，大规模企业也存在组织惰性和转型困难等阻碍企业技术升级的问题（余娟娟和余东升，2018）。

（3）企业所有制性质。具体包括民营企业虚拟变量（*myqy*）和外资企业虚拟变量（*wzqy*）。企业的产权性质不同，其创新行为也有所不同。大多数文献指出，民营企业往往具有更高的创新投入和创新效率（吴延兵，2012）。

（4）企业出口强度（*exp*）。为企业出口产值与销售收入的比值。依据新贸易理论，企业参与国际市场程度不同，行为决策也呈现较大差异。

（5）企业资本劳动比（*lgkl*）。采用固定资产总计与职工人数之比度量并取对数形式。该指标测度了企业人均资本占有量，反映了企业的资本密集程度。通常企业的资本劳动比越高，资本深化的程度越高，生产效率和创新水平往往更高。

（6）政府补贴（*lgbt*）。采用企业取得的各类政府补贴收入总额的自然对数进行测度。政府补贴收入越高的企业更容易获取充足的资金开展创新活动。

（7）行业内企业数量（*lgfirmno*）。采用三位数行业内企业数量的对数形式度量。该指标是反映行业竞争程度的一个重要指标，行业竞争的激烈程度对企业的创新活动具有重要影响。

（8）行业赫芬达尔指数（*HHI*）。参考学界常见做法，用三位数行业内企业市场份额的平方和来衡量，用于控制市场结构的影响。根据产业组织理论，市场结构与企业技术创新之间存在密切关联。

（9）行业平均固定资产（*lgfa*）。采用三位数行业内企业固定资产的平均值度量。行业平均固定资产能够反映该行业是属于资本密集型行业还是劳动密集型行业。行业的平均固定资产越大，技术复杂度相对越高，进入门槛往往会更高，行业内企业可能因此缺乏创新动力。

### 4.2.4 数据说明与描述性统计

本书所使用的企业数据来自中国工业企业数据库，即国家统计局1998—2015年针对规模以上工业企业的年度调查数据。该套数据是学界常用的中国微观企业调查数据，也是目前可获取的最详细的中国微观企业数据，且提供了企业的基本信息、产值、销售指标、资产负债指标、出口交货值等丰富的信息。本书对数据进行如下处理：第一，清理数据。借鉴李玉红等（2008）、简泽等（2017）、芬斯特拉（Feenstra）等（2017）的做法，删掉不符合基本逻辑关系的错误记录，具体包括①企业总产值、各项投入或出口交货值为负；②固定资产原值小于固定资产净值；③工业增加值或中间投入大于工业总产值；④总资产、固定资产净值、销售额或工业产品价值任一核心财务指标缺失；⑤企业员工数量低于10人；⑥总资产低于流动资产或固定资产总额；⑦企业成立时间在1998年之前或2015年之后，或成立月份小于1或大于12；⑧企业名称在同一年份相同；⑨企业利息支出为负。此外，由于中国工业企业数据库的样本企业的统计范围在样本期间发生变化，为了消除统计口径变化带来的影响，删除所有年份主营业务收入低于2 000万元的企业样本①。第二，统一样本期内的行业分类。由于该数据库的行业分类指标在1998—2002年、2003—2012年、2013—2015年分别采用了GB/T 4754—1996、GB/T 4754—2002和GB/T 4754—2011 3种不同的国民经济行业分类标准。参照勃兰特等（2012）统一GB/T 4754—1994和GB/T 4754—2002两种行业分类标准的思路，统一数据库中3种行业分类标准，使整个样本期间三位数行业代码的含义保持一致②。第三，构建面板数据集。参照勃兰特等（2012）的做法，采用序贯识别方法对企业进行编码，以识别企业单位，并在此基础上构建一个非平衡企业面板数据集。第四，删除非制造行业样本。由于技术创新大多集中于制造行业，删除属于采矿业、电力、燃气及水的生产和供应业等非制造业企业样本。

---

① 具体而言，在中国工业企业数据库中，1998—2006年样本企业的统计范围为全部国有和年主营业务收入在500万元及以上的非国有工业企业；2007—2011年为年主营业务收入在500万元及以上的工业企业；2011年及以后则为年主营业务收入在2 000万元及以上的工业企业。

② 限于篇幅，书中未给出详细的新旧行业对照表，有兴趣的读者可向笔者索取。

本书的专利数据来自佰腾网和国家知识产权局中国专利公布公告网[①]。佰腾网和中国专利公布公告网报告了1998—2015年所有企业、事业单位、高校和个人向知识产权局提出申请的专利信息，具体包括每条专利的申请日期、授权日期、申请人、专利类型和IPC分类号等详细信息。根据工业企业库中的企业名称，从佰腾网和中国专利公布公告网获取企业各年专利数据。考虑样本期间部分企业发生名称变更或改变[②]，为减少数据损失，采用同一企业在样本期内的所有中文名称进行专利检索，并将获得的专利数据按年份加总。经过整理得到时间范围在1998—2015年的大规模非平衡企业面板数据集。

关税数据是另一个非常重要的数据。本书从世界银行WITS数据库和WTO关税数据库分别获取1998—2000年和2001—2015年中国HS产品进口关税，并将其中部分年份的HS八位码关税数据统一调整为HS六位码关税数据。

表4.1给出了主要变量的描述性统计结果。其中，企业创新规模的平均值是0.045，标准差是0.279，最小值是0，最大值为8.678；创新质量的平均值是0.429，标准差是0.303，最小值为0，最大值为0.932；企业间的创新规模和创新质量在样本期间内均存在较大差异。

表4.1　主要变量描述性统计

| 变量 | 指标说明 | 样本数 | 均值 | 标准差 | 最小值 | 最大值 |
|---|---|---|---|---|---|---|
| *Inno_no* | 创新规模 | 3 756 918 | 0.045 | 0.279 | 0 | 8.678 |
| *Inno_qua* | 创新质量 | 131 064 | 0.429 | 0.303 | 0 | 0.932 |
| *Tariff* | 三位数行业进口关税 | 3 756 918 | 0.115 | 0.069 | 0 | 0.650 |

---

① 佰腾网网址：https://www.baiten.cn/；国家知识产权局中国专利公布公告网网址：http://epub.cnipa.gov.cn/。值得注意的是，国家知识产权局中国及多国专利审查信息查询网（http://cpquery.cnipa.gov.cn）公开了企业的专利申请及授权信息。然而，经对比发现，中国专利公布公告网报告的专利申请人为专利的初始申请人，中国及多国专利审查信息查询网报告的专利申请人为专利的当前专利权人，若专利曾发生专利权转移，则中国及多国专利审查信息查询网的专利数据不能准确反映从事技术创新的初始企业。

② 可能的原因包括（1）企业名称变更；（2）数据采集过程中的信息遗漏或丢失导致部分年份企业名称不全；（3）数据采集过程中工作人员的随意性可能导致企业名称发生变化，如在不同年份登记为"A公司""××市A公司""××省××市A公司"等。

续　表

| 变量 | 指标说明 | 样本数 | 均值 | 标准差 | 最小值 | 最大值 |
|------|----------|--------|------|--------|--------|--------|
| lgage | 企业年龄 | 3 756 918 | 2.038 | 0.792 | 0 | 5.707 |
| lglabor | 企业经营规模 | 3 756 918 | 4.990 | 1.103 | 2.303 | 12.531 |
| myqy | 民营企业虚拟变量 | 3 756 918 | 0.750 | 0.433 | 0 | 1 |
| wzqy | 外资企业虚拟变量 | 3 756 918 | 0.205 | 0.403 | 0 | 1 |
| exp | 出口强度 | 3 531 456 | 0.147 | 0.358 | 0 | 99.916 |
| lgkl | 企业资本劳动比 | 3 756 918 | 3.705 | 1.437 | −7.714 | 14.748 |
| lgbt | 政府补贴 | 2 601 551 | 0.817 | 2.116 | 0 | 15.386 |
| lgfirmno | 行业内企业数量 | 3 756 918 | 7.825 | 0.953 | 1.946 | 9.706 |
| HHI | 行业赫芬达尔指数 | 3 756 918 | 0.014 | 0.031 | 0.001 | 0.965 |
| lgfa | 行业平均固定资产 | 3 756 918 | 10.108 | 0.869 | 7.974 | 14.963 |

## 4.3　实证结果分析及稳健性检验

### 4.3.1　平行趋势假定检验

由于本书所构建的双重差分模型的一个前提假定是高关税行业（处理组）和低关税行业（控制组）在加入WTO前具有相同的发展趋势。加入WTO后，高关税行业和低关税行业受进口自由化的影响不同，从而呈现差异化的创新行为。据此，根据准自然实验发生前一年（2001年）三位数行业的进口关税水平，将所有三位数行业均分为高关税行业和低关税行业两组。其中，高关税行业指2001年进口关税高于样本中位数的所有三位数行业，低关税行业为2001年进口关税低于样本中位数的所有三位数行业。图4.2（a）显示了1998—2015年高关税行业和低关税行业从事发明专利申请活动的企业比重，图4.2（b）给出了1998—2015年高关税行业和低关税行业企业平均拥有的发明专利申请量。从图4.2可以发现，2001年前，处理组和控制组的发展趋势较为接近，符合平行趋势假定，满足双重差分模型的识别假定。加入WTO后，两组之间的创新差距呈逐年扩大趋势，高关税行业从事发明专利申请活动的企业占比和企业平均发明专利申请量的增长速度小于低关税行业。据此初步推断，进口贸易自由化对处理组和控制组企业的创新活动带来了不同程度的冲击，且在总体上抑制了企业技术创新。

此外，图4.2中，2015年从事发明专利申请活动的企业比重出现大幅下滑。其中原因可能在于2015年约1/2的企业未报告总资产这一核心财务指标，导致样本量大幅减少。笔者发现，剔除2015年数据不影响主要结论。

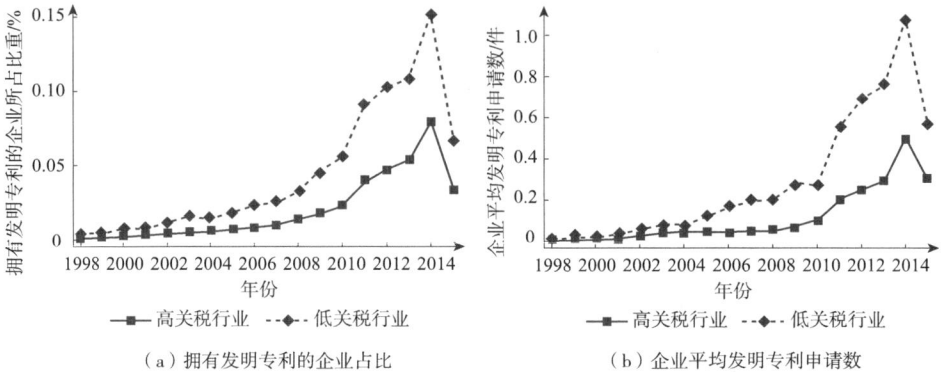

（a）拥有发明专利的企业占比　　　　（b）企业平均发明专利申请数

**图4.2　1998—2015年高关税行业和低关税行业的创新发展态势**

数据来源：根据中国工业企业数据库、佰腾网和国家知识产权局相关数据计算得来。

## 4.3.2 基准回归结果

### 4.3.2.1 进口竞争加剧与企业创新规模

表4.2列（1）～列（3）汇报了采用双重差分模型分析进口竞争对企业创新规模影响的相关结果。其中，列（1）为仅包括企业和年份固定效应的简单双重差分模型。核心解释变量 $Tariff_{i2001} \times WTO_t$ 的回归系数在1%的统计水平上显著为负，表明行业进口关税削减幅度越大，对应企业的发明专利申请数量越低，进口竞争加剧阻碍了企业创新规模的扩大。列（2）加入了企业年龄、企业经营规模、民营企业虚拟变量、外资企业虚拟变量、出口状况、资本劳动比、政府补贴等企业特征作为控制变量。上述因素会在不同程度上影响企业的创新行为。结果表明，核心解释变量 $Tariff_{i2001} \times WTO_t$ 的估计系数仍然在1%的水平上显著为负。列（3）则在列（2）的基础上增加了行业内企业数量、$HHI$ 和行业平均固定资产等行业层面的控制变量。结果发

现，在控制企业特征和行业特征后，核心解释变量$Tariff_{i2001} \times WTO_t$的估计系数符号、显著性水平和数值基本不变。这表明，贸易自由化带来的市场竞争程度加剧总体上对中国制造业企业的创新规模存在消极影响。

本书得到的进口竞争抑制中国企业创新的结论与以往部分研究一致（Liu et al.，2021；杨晓云和马霞，2021）。这意味着，在进口开放过程中，抑制企业技术创新的熊彼特效应占据主导地位。贸易自由化通过减少企业当期和预期的垄断租与收益，促使企业减少技术创新活动。

在企业层面控制变量方面，企业年龄与创新规模呈显著负向关系，表明年轻企业更倾向于进行技术创新。原因可能在于年长企业更有可能存在管理体制陈旧、账务负担沉重等问题，导致从事技术创新的动力相对不足。经营规模对企业技术创新的影响显著为正，表明大企业拥有更频繁的创新活动，符合熊彼特创新理论。民营企业和外资企业虚拟变量的估计系数显著为正，且民营企业虚拟变量的估计系数值高于外资企业，表明民营企业的技术创新规模最大，而国有企业的创新动力相对不足。这一结论与吴延兵（2012）的研究结论基本一致。出口强度、资本—劳动比率和政府补贴的回归系数均显著为正，这意味着高出口强度、资本密集型企业和高补贴企业的创新规模更大，基本符合理论预期。

在行业层面控制变量方面，行业内企业数量（lgfirmno）与企业创新规模呈显著正向关系，行业赫芬达尔指数（HHI）与企业创新规模呈显著负向关系；由于行业内企业数量越多，行业赫芬达尔指数的数值越低，市场竞争程度越激烈。这意味着，良好的国内市场竞争有助于促进企业技术创新。行业平均固定资产（lgfa）对企业创新规模的影响显著为负，表明行业的平均固定资产越大，微观主体的创新动力越不足。

### 4.3.2.2 进口竞争加剧与企业创新质量

表4.2列（4）～列（6）报告了采用双重差分模型研究进口竞争加剧对企业创新质量影响的相关结果。其中，列（4）为仅包括核心解释变量、行业固定效应和年份固定效应的简单回归结果；列（5）为在列（4）的基础上加入企业特征变量的估计结果；列（6）为在列（5）的基础上加入行业特征变量的估计结果。无论是否纳入控制变量及纳入何种控制变量，核心解释变

量 $Tariff_{i2001} \times WTO_t$ 的估计系数值的符号均为负，但在统计意义上并不显著，表明行业进口关税削减引致的进口竞争加剧对企业创新质量不存在显著影响。这意味着，若仅考虑专利数量，则容易高估进口冲击对企业创新的负面影响，并得到扩大进口不利于企业技术创新的结论（Liu et al., 2021；杨晓云和马霞，2021）。在研究中纳入创新质量，有助于客观评估和正确认识进口竞争压力对发展中国家微观企业技术创新的影响。

表4.2 进口竞争加剧对企业技术创新影响的基准回归结果

| 项目 | （1） | （2） | （3） | （4） | （5） | （6） |
|---|---|---|---|---|---|---|
| | 创新规模 | | | 创新质量 | | |
| $Tariff_{i2001} \times WTO_t$ | −0.074*** （0.006） | −0.064*** （0.007） | −0.069*** （0.007） | −0.008 （0.049） | −0.011 （0.066） | −0.026 （0.066） |
| lgage | — | −0.014*** （0.001） | −0.014*** （0.001） | — | −0.002 （0.006） | −0.002 （0.006） |
| lglabor | — | 0.013*** （0.001） | 0.012*** （0.001） | — | 0.010*** （0.004） | 0.010*** （0.004） |
| myqy | — | 0.026*** （0.003） | 0.027*** （0.003） | — | 0.000 （0.013） | 0.000 （0.013） |
| wzqy | — | 0.009* （0.005） | 0.010* （0.005） | — | −0.014 （0.017） | −0.014 （0.017） |
| exp | — | 0.007*** （0.001） | 0.007*** （0.001） | — | 0.000 （0.012） | 0.000 （0.012） |
| lgkl | — | 0.017*** （0.000） | 0.017*** （0.000） | — | 0.013*** （0.003） | 0.013*** （0.003） |
| lgbt | — | 0.006*** （0.000） | 0.006*** （0.000） | — | 0.001 （0.000） | 0.001 （0.000） |
| lgfirmno | — | — | 0.008*** （0.001） | — | — | 0.006 （0.004） |
| HHI | — | — | −0.019* （0.011） | — | — | 0.001 （0.036） |
| lgfa | — | — | −0.003*** （0.001） | — | — | −0.006 （0.006） |
| 控制变量 | 是 | 是 | 是 | 是 | 是 | 是 |
| 企业效应 | 是 | 是 | 是 | 是 | 是 | 是 |
| 年份效应 | 是 | 是 | 是 | 是 | 是 | 是 |

| 项目 | （1） | （2） | （3） | （4） | （5） | （6） |
|---|---|---|---|---|---|---|
| | 创新规模 | | | 创新质量 | | |
| 企业数 | 736 350 | 647 461 | 647 461 | 59 781 | 40 958 | 40 958 |
| 观测值 | 3 756 918 | 2 376 398 | 2 376 398 | 131 064 | 77 140 | 77 140 |
| R 平方 | 0.028 | 0.048 | 0.048 | 0.014 | 0.021 | 0.021 |

注：括号中的数值为聚类标准误；***、**、*分别为1%、5%、10%的显著性水平。

### 4.3.3　稳健性检验

本小节对进口竞争与企业技术创新的关系进行了一系列稳健性检验，表4.3汇报了所有的回归结果。

#### 4.3.3.1　替换关键解释变量的测度方法

由于式4.1的双重差分模型仅使用了2001年进口关税数据，并损失了制造行业研究期间其他年份的进口关税信息，为此，本小节进一步采用行业进口关税水平度量国内市场竞争变化程度，并直接考察进口关税变化对企业技术创新的影响。表4.3列（1）为进口关税水平对企业创新规模影响的估计结果。其中，进口关税 $Tariff$ 的回归系数显著为正，进口关税下降促使企业的专利数量显著减少，表明进口竞争加剧阻碍了企业创新规模的扩大。列（2）为进口关税水平对企业创新质量影响的估计结果，进口关税 $Tariff$ 的回归系数在统计上并不显著，进口关税降低对企业创新质量的影响并不显著。这与之前的双重差分回归结果完全一致。

#### 4.3.3.2　考虑竞争程度变化影响的时滞性

由于进口竞争加剧对企业技术创新的作用可能存在一定的时滞，且企业的创新活动从研发投入到创新产出可能存在一个较长的周期，分别将所有解释变量滞后一期、滞后两期进行分析。列（3）和列（4）为将所有解释变量滞后一期的估计结果。由列（3）可知，核心解释变量的估计系数的数值和显著性没有变化，进口竞争加剧与企业创新规模的关系仍然保持一致；列（4）的结果表明，进口竞争加剧对企业创新质量的影响仍然不显著。进一步地，将所有解释变量滞后两期进行回归，如列（5）和列（6）所示，主要结论仍然不变。

### 4.3.3.3 增加其他控制变量的研究

如前文所述，贸易自由化不仅推动了国外最终品进口关税的下降，也促使企业生产所需的中间品的进口关税同步降低，而且进口中间品已被学界证明对企业的创新驱动发展存在不容忽视的影响。为了控制进口中间品增加对企业技术创新的潜在影响，将行业层面中间品进口关税作为控制变量纳入双重差分模型4.1进行稳健性分析。依据阿米蒂和科宁斯（2007）的方法，借助投入产出表和前文测算的行业进口关税计算行业层面中间品进口关税，具体公式为

$$IndInpT_{it}=\sum_k Weight_{ik} \times Tariff_{kt} \qquad 4.3$$

式中，$IndInpT_{it}$ 指行业 $i$ 在 $t$ 年的中间品进口关税；

$Weight_{ik}$ 为行业 $i$ 使用的全部投入品中来自行业 $k$ 的比重；

$Tariff_{kt}$ 为行业 $k$ 在 $t$ 年的进口关税。

为了消除关税变化带来的投入品权重波动对准确计算中间品进口关税的影响，考虑我国投入产出表每隔5年核算一次，本书采用样本期间的中间年份，即2007年的中国投入产出表作为计算中间品进口关税的基础。

列（7）和列（8）显示了在双重差分模型中纳入中间品进口关税控制变量的估计结果，核心解释变量 $Tariff_{i2001} \times WTO_t$ 的回归系数的显著性和数值仍然一致。这表明，进口竞争加剧对企业创新规模的负向影响十分稳健，对企业创新质量的影响则不显著。

### 4.3.3.4 剔除 2008 年国际金融危机的影响

2008年，全球金融危机爆发，各国经济增速持续放缓。受多重因素交织的影响，欧美发达国家经济下行压力明显，并在一定程度上影响了中国的对外贸易发展，进而可能影响进口竞争与企业创新的关系。鉴于此，剔除2008年及以后年份的数据再次进行分析，列（9）和列（10）结果表明，$Tariff_{i2001} \times WTO_t$ 的回归系数的显著性和符号仍然不变。

本小节的稳健性检验结果表明，进口竞争加剧对企业创新规模的负向影响十分稳健，对创新质量的影响在统计上均不显著。

表4.3 进口竞争加剧对企业技术创新影响的稳健性检验

| 项目 | (1) | (2) | (3) | (4) | (5) | (6) | (7) | (8) | (9) | (10) |
|---|---|---|---|---|---|---|---|---|---|---|
| | 进口关税 | | 滞后一期 | | 滞后两期 | | 中间品进口关税 | | 2007年以前 | |
| | 创新规模 | 创新质量 | 创新规模 | 创新质量 | 创新规模 | 创新质量 | 创新规模 | 创新质量 | 创新规模 | 创新质量 |
| $Tariff_{i2001} \times WTO_t$ | — | — | -0.075*** (0.008) | -0.110 (0.103) | -0.071*** (0.009) | 0.183 (0.125) | -0.054*** (0.007) | -0.169 (0.117) | -0.042*** (0.004) | -0.174 (0.113) |
| $Tariff$ | 0.028*** (0.010) | 0.035 (0.080) | — | — | — | — | — | — | — | — |
| $IndInpT$ | — | — | — | — | — | — | 0.132*** (0.018) | 0.063 (0.352) | — | — |
| 控制变量 | 是 | 是 | 是 | 是 | 是 | 是 | 是 | 是 | 是 | 是 |
| 企业效应 | 是 | 是 | 是 | 是 | 是 | 是 | 是 | 是 | 是 | 是 |
| 年份效应 | 是 | 是 | 是 | 是 | 是 | 是 | 是 | 是 | 是 | 是 |
| 企业数 | 647 461 | 40 958 | 541 516 | 12 725 | 443 233 | 6 944 | 647 461 | 10 771 | 478 269 | 10 771 |
| 观测值 | 2 376 398 | 77 140 | 1 906 467 | 19 720 | 1 545 261 | 10 026 | 2 376 398 | 16 442 | 1 550 296 | 16 442 |
| R 平方 | 0.048 | 0.034 | 0.043 | 0.055 | 0.036 | 0.068 | 0.048 | 0.071 | 0.009 | 0.071 |

注：括号中的数值为聚类标准误；***、**、*分别为1%、5%、10%的显著性水平。

## 4.4 企业异质性分析

### 4.4.1 不同生产率水平

阿吉翁等（2009）、罗长远和张军（2012）和丁等（2016）学者的经验研究表明，进口自由化对企业创新的作用部分取决于企业自身技术水平。鉴于此，本书采用全要素生产率（$tfp$）度量企业技术水平，在模型4.1的基础上增加企业全要素生产率$tfp$、核心解释变量与企业生产率的交互项$Tariff_{i2001} \times WTO_t \times tfp$，以考察贸易自由化引致的进口竞争加剧对技术异质性企业的创新活动的影响。

在全要素生产率估计方法的选取方面，直接采用普通最小二乘方法，估计一般的科布—道格拉斯生产函数并计算企业全要素生产率可能引致的"同步性偏差"和"样本选择偏差"问题，参照余（2015）、阮敏和简泽（2020）等学者的做法，采用OP半参数法估计行业层面的生产函数，进而计算得到企业层面全要素生产率（Olley and Pakes，1996）。OP半参数法的特点在于采用企业的当期投资作为不可观测的生产率冲击的代理变量，可以同时解决传统OLS估计方法中的"同步性偏差"和"样本选择偏差"问题，从而得到投入参数的一致有效估计。在具体数据处理过程中，借鉴简泽等（2014）、阮敏和简泽（2020）的做法，使用各地区工业品出厂价格指数对企业工业增加值进行平减，并用平减后的工业增加值衡量企业的净产出水平；利用永续盘存法计算企业在各个年份的实际资本存量以度量资本投入；采用企业年平均就业人数衡量企业劳动投入。

表4.4列（1）和列（2）分别报告了进口竞争加剧对技术异质性企业创新规模和创新质量影响的相关结果。参考方杰等（2015）的做法，对变量 $Tariff_{i2001} \times WTO_t$ 和变量 $tfp$ 作均值中心化处理[①]。由列（1）可知，全要素生产率（$tfp$）的估计系数显著为正。这意味着，企业的技术水平越先进，其创新规模越大，越符合理论预期。交互项 $Tariff_{i2001} \times WTO_t \times tfp$ 的估计系数值为0.022，且在1%的统计水平上显著，企业的生产率越高，进口竞争加剧对其创新规模的负面影响越小。进一步地，由于进口竞争加剧对企业创新规模的边际效应为 $-0.052 + 0.022 \times (tfp - \overline{tfp})$，因而当企业的均值中心化处理后的全要素生产率（$tfp - \overline{tfp}$）大于2.364（0.052/0.022）时，即当企业的全要素生产率（$tfp$）大于8.122（2.364+5.758）时，进口竞争加剧促进了企业创新规模的增加。这表明，当企业的自身技术水平达到一个较高的水平时，进口竞争加剧反而推动了企业的技术创新。由于全要素生产率的98%分位值为8.219，这意味着进口竞争加剧对企业创新规模的促进作用仅存在于占全体样本约2%的高生产率企业样本中。这一发现与丁等（2016）等人的研究结论存在一定的一致性。

列（2）显示了考虑企业技术异质性后进口竞争加剧对企业创新质量影

---

① 方杰等（2015）证明，对变量进行均值中心化处理并不会影响交互项的估计系数的数值、标准误和显著性检验的 $t$ 值，而仅影响一阶项的估计系数的数值和标准误。因此，如无特殊说明，下文中进入交互项的变量均未进行均值中心化处理。

响的估计结果，交互项 $Tariff_{i2001} \times WTO_t \times tfp$ 的估计系数值为 0.070，且在 1% 的水平上显著为正。尽管前文研究表明，进口竞争加剧在总体上对企业创新质量不存在显著影响，但考虑生产率差异后，进口竞争加剧对企业创新质量的作用开始显现。与低生产率企业相比，进口竞争加剧对高生产率企业的创新质量提升的阻碍作用更小。由于进口竞争加剧对企业创新质量的边际效应为 $-0.077 + 0.070 \times (tfp - \overline{tfp})$[①]，当企业的均值中心化处理后的全要素生产率（$tfp - \overline{tfp}$）大于 1.1（0.077/0.070）时，即企业的全要素生产率（$tfp$）大于 6.858（1.1 + 5.758）时，进口竞争加剧对企业创新质量的提升存在显著促进作用。全要素生产率的 85% 分位值为 6.9，这意味着进口竞争加剧对企业创新质量的正向作用存在于占全体样本约 15% 的高生产率企业样本中。

为进一步排除生产率估计方法对上述结论的影响，采用劳动生产率（$labprod$）度量企业技术水平，进行再次检验。结果如表 4.4 列（3）和列（4）所示，$Tariff_{i2001} \times WTO_t \times labprod$ 的估计系数仍显著为正，表明进口竞争加剧对不同技术水平企业的创新规模和创新质量的差异化影响不受生产率度量方法的影响。

---

① 由表 4.4 列（2）可知，$Tariff_{i2001} \times WTO_t$ 的估计系数在统计上并不显著，需进一步检验 $Tariff_{i2001} \times WTO_t$ 对企业创新质量的边际效应 $[-0.077 + 0.070 \times (tfp - \overline{tfp})]$ 是否显著不为 0。参考方杰等（2015）的做法，采用 Johnson-Neymann 法进行检验，经计算，当均值中心化处理后的 $tfp$ 位于 $[-1.281, 3.879]$ 的取值范围之内时，边际效应显著不为 0。这个取值范围涵盖了 87% 的样本企业。对于取值范围之外的样本企业，结合选点法计算对应 $t$ 值并进行检验，发现边际效应均能通过显著性检验。

表4.4　区分生产率水平和补贴收入的企业异质性分析

| 项目 | （1） | （2） | （3） | （4） | （5） | （6） |
| --- | --- | --- | --- | --- | --- | --- |
| | 全要素生产率 | | 劳动生产率 | | 补贴收入 | |
| | 创新规模 | 创新质量 | 创新规模 | 创新质量 | 创新规模 | 创新质量 |
| $Tariff_{i2001} \times WTO_t$ | −0.052*** （0.007） | −0.077 （0.069） | −0.064*** （0.007） | −0.084 （0.072） | −0.072*** （0.007） | −0.059 （0.069） |
| $Tariff_{i2001} \times WTO_t \times tfp$ | 0.022*** （0.004） | 0.070*** （0.025） | — | — | — | — |
| $Tariff_{i2001} \times WTO_t \times labprod$ | — | — | 0.028*** （0.004） | 0.052** （0.026） | — | — |
| $Tariff_{i2001} \times WTO_t \times lgbt$ | — | — | — | — | 0.017*** （0.002） | 0.012* （0.006） |
| $tfp$ | 0.011*** （0.001） | 0.014*** （0.003） | — | — | — | — |
| $labprod$ | — | — | 0.014*** （0.001） | 0.021*** （0.003） | — | — |
| $lgbt$ | 0.006*** （0.000） | 0.001 （0.001） | 0.006*** （0.000） | 0.001 （0.000） | 0.006*** （0.000） | 0.001* （0.000） |
| 控制变量 | 是 | 是 | 是 | 是 | 是 | 是 |
| 企业效应 | 是 | 是 | 是 | 是 | 是 | 是 |
| 年份效应 | 是 | 是 | 是 | 是 | 是 | 是 |
| 企业数 | 643 415 | 39 885 | 647 084 | 40 902 | 647 461 | 40 958 |
| 观测值 | 2 308 348 | 73 898 | 2 375 136 | 77 053 | 2 376 398 | 77 140 |
| R 平方 | 0.050 | 0.023 | 0.049 | 0.022 | 0.048 | 0.021 |

注：括号中的数值为聚类标准误；***、**、*分别为1%、5%、10%的显著性水平；解释变量$Tariff_{i2001} \times WTO_t$、$tfp$和$lgbt$均作均值中心化处理。

这一结论的现实意义在于尽管进口竞争加剧在平均意义阻碍了企业创新规模的扩大。然而，一方面，一国的技术创新成果在不同生产率水平企业中的分布并不均衡。具体而言，根据企业的年均生产率水平，将研究样本划分为低生产率、中等生产率和高生产率企业3类，发现高生产率企业拥有的发明专利最多，即进口竞争压力对高生产率企业的创新促进作用揭示了贸易开放在推动创新发展方面的重要作用。另一方面，一国的高质量创新成果主要依赖于高技术企业，进口竞争的加剧对高生产率企业创新质量的促进作用反映了市场竞争在推动技术升级方面的重要作用。综上所述，坚定不移地扩大高水平的对外开放，加快构建高水平社会主义市场经济体制，充分发挥市场在资源配置中的决定性作用，持续优化公平竞争的市场环境，有利于促进创新结构优化升级，推动高技术水平企业创新规模的扩大和创新质量的提升。

## 4.4.2 不同补贴收入

研究发现，政府补贴对企业创新活动存在重要影响（毛其淋和许家云，2015；张杰，2020）。一方面，政府补贴为企业提供了更多的资金来源，缓解了企业融资约束，融资约束能够直接影响企业研发投资（Canepa and Stoneman，2008）。另一方面，部分政府补贴的对象是研发行为或专利产出。这些以创新为目的的政府补贴固然能够直接推动微观主体的技术创新，但也可能造成企业对政府资金的过度依赖，甚至促进企业的寻租行为和策略性创新行为，不利于企业专利质量（余明桂等，2010）。张杰和郑文平（2018）的研究指出，以创新激励为目的的政府补贴促进了企业专利数量的增加，但对微观企业的专利质量提升可能存在一定程度的阻碍。布兰施泰特（Branstetter）等（2023）基于中国上市公司数据的研究指出，补贴似乎对企业的事后生产力增长产生了负面影响，无论是以研发和创新促进名义发放的补贴，还是以工业和设备升级名义发放的补贴，都未能推动企业的生产力增长。

鉴于此，为考察获得不同政府补贴的企业在进口竞争加剧时是否采取不同的创新策略，在模型4.1的基础上增加了关键解释变量与企业补贴收入的交互项 $Tariff_{i2001} \times WTO_t \times lgbt$。表4.4列（5）以创新规模作为被解释变量的估计结果显示，交互项 $Tariff_{i2001} \times WTO_t \times lgbt$ 的估计系数显著不为零，且与解释变量 $Tariff_{i2001} \times WTO_t$ 的符号相反，表明与低补贴企业相比，进口竞争加剧对高补贴企业的技术创新的消极影响更小。列（6）以创新质量作为被解释变量的回归结果显示，交互项 $Tariff_{i2001} \times WTO_t \times lgbt$ 的估计系数在10%的统计水平上显著为正，表明进口竞争压力对高补贴企业的技术创新的消极影响更小。这一结果表明，适度的政府补贴有助于缓解市场竞争程度加剧对企业技术创新的不利影响。

### 4.4.3 不同贸易方式

企业参与对外贸易的方式不同，其创新的动力也往往存在巨大差别，进口竞争对其影响可能也有所不同。按照企业的贸易方式，将所有处理组样本划分为加工贸易企业、混合贸易企业和一般贸易企业。参考学界常见做法，此处的加工贸易企业是指在样本期间内以加工贸易形式出口的金额占总出口的平均比重超过80%的企业；一般贸易企业指以一般贸易形式出口的金额占总出口的平均比重超过80%的企业；混合贸易企业则介于上述两类企业之间。表4.5报告了区分贸易方式的分样本回归结果。

列（1）的结果显示，交互项 $Tariff_{i2001} \times WTO_t$ 的估计系数在加工贸易企业样本中并不显著，进口竞争加剧对加工贸易企业的创新规模不存在显著作用。然而，正如列（3）和列（5）所示，交互项 $Tariff_{i2001} \times WTO_t$ 的回归系数在混合贸易企业和一般贸易企业样本中均显著为负，对应系数值分别为 $-0.032$ 和 $-0.189$。这意味着，进口竞争的加剧阻碍了这两类企业的创新规模扩大，且该阻碍作用在一般贸易企业中更为突出。在创新质量方面，列（2）、列（4）和列（6）的结果表明，进口竞争的加剧对所有贸易类型的企业样本的创新质量均不存在显著影响；对于从事不同贸易方式的企业，进口竞争的加剧对创新质量的影响不存在显著差异。

表4.5 区分贸易方式的企业异质性分析结果

| 项目 | （1） | （2） | （3） | （4） | （5） | （6） |
|---|---|---|---|---|---|---|
| | 加工贸易 | | 混合贸易 | | 一般贸易 | |
| | 创新规模 | 创新质量 | 创新规模 | 创新质量 | 创新规模 | 创新质量 |
| $Tariff_{i2001} \times WTO_t$ | −0.043<br>（0.045） | 0.097<br>（0.271） | −0.032***<br>（0.006） | −0.082<br>（0.110） | −0.189***<br>（0.022） | −0.049<br>（0.091） |
| 控制变量 | 是 | 是 | 是 | 是 | 是 | 是 |
| 企业效应 | 是 | 是 | 是 | 是 | 是 | 是 |
| 年份效应 | 是 | 是 | 是 | 是 | 是 | 是 |
| 企业数 | 23 682 | 1 988 | 484 074 | 20 748 | 102 985 | 17 919 |

| 项目 | （1） | （2） | （3） | （4） | （5） | （6） |
|---|---|---|---|---|---|---|
| | 加工贸易 | | 混合贸易 | | 一般贸易 | |
| | 创新规模 | 创新质量 | 创新规模 | 创新质量 | 创新规模 | 创新质量 |
| 观测值 | 116 900 | 4 324 | 1 554 511 | 34 885 | 475 903 | 37 283 |
| R 平方 | 0.042 | 0.038 | 0.028 | 0.015 | 0.081 | 0.018 |

注：括号中的数值为聚类标准误；***、**、*分别为1%、5%、10%的显著性水平；回归中均加入控制变量、企业和年份效应。

### 4.4.4　不同所有制性质

企业的创新行为与自身产权性质存在密切关联，企业的产权性质不同，创新行为也存在较大差异（吴延兵，2012）。根据企业注册登记性质，将所有样本划分为国有企业、民营企业和外资企业。表4.6报告了区分所有制性质的分样本回归结果。

列（1）、列（3）和列（5）的结果显示，交互项$Tariff_{i2001} \times WTO_t$的估计系数值在民营企业和外资企业样本中均显著为负，表明进口竞争加剧对民营企业和外资企业的创新规模均存在显著负向影响；对于国有企业样本，交互项$Tariff_{i2001} \times WTO_t$的估计系数值最小，且在统计意义上并不显著。列（2）、列（4）和列（6）为区分所有制性质后进口压力对企业创新质量的影响，尽管进口竞争加剧对3种产权性质企业的创新质量的影响均不显著，但国有企业样本中$Tariff_{i2001} \times WTO_t$的估计系数值最大且符号为正。这可能意味着，进口竞争加剧对国有企业样本的创新质量的负向影响最小，甚至可能为正。

表4.6　区分所有制性质的企业异质性分析结果

| 项目 | （1） | （2） | （3） | （4） | （5） | （6） |
|---|---|---|---|---|---|---|
| | 国有企业 | | 民营企业 | | 外资企业 | |
| | 创新规模 | 创新质量 | 创新规模 | 创新质量 | 创新规模 | 创新质量 |
| $Tariff_{i2001} \times WTO_t$ | −0.020<br>（0.019） | 0.144<br>（0.183） | −0.060***<br>（0.008） | 0.028<br>（0.084） | −0.080***<br>（0.016） | −0.166<br>（0.134） |
| 控制变量 | 是 | 是 | 是 | 是 | 是 | 是 |
| 企业效应 | 是 | 是 | 是 | 是 | 是 | 是 |
| 年份效应 | 是 | 是 | 是 | 是 | 是 | 是 |
| 企业数 | 43 004 | 1 860 | 512 313 | 30 179 | 118 915 | 9 917 |
| 观测值 | 142 155 | 3 861 | 1 712 628 | 54 209 | 521 400 | 19 015 |
| R平方 | 0.085 | 0.071 | 0.045 | 0.017 | 0.038 | 0.017 |

注：括号中的数值为在三位数行业层面聚类的标准误；***、**、*分别表示1%、5%、10%的显著性水平。

### 4.4.5　不同地理位置

根据企业所处地理位置，将所有样本企业划分为东部地区样本和中西部地区样本。表4.7列（1）和列（3）的结果显示，进口竞争加剧对东部地区和中西部地区企业的创新规模均存在阻碍作用，且对东部地区企业的消极影响更为突出。其原因可能在于与中西部地区相比，东部地区的贸易体量更大，因而加入WTO后面临了更大的市场竞争环境改变及进口竞争压力增加。列（2）和列（4）显示，进口竞争加剧对东部和中西部地区企业的创新质量的影响均不显著，进口竞争压力对企业的创新质量的影响与企业的地理位置无关。

表4.7　区分地理位置的企业异质性分析结果

| 项目 | （1） | （2） | （3） | （4） |
|---|---|---|---|---|
| | 东部地区 | | 中西部地区 | |
| | 创新规模 | 创新质量 | 创新规模 | 创新质量 |
| $Tariff_{i2001} \times WTO_t$ | $-0.084^{***}$<br>（0.009） | 0.007<br>（0.077） | $-0.045^{***}$<br>（0.009） | $-0.121$<br>（0.127） |
| 控制变量 | 是 | 是 | 是 | 是 |
| 企业效应 | 是 | 是 | 是 | 是 |
| 年份效应 | 是 | 是 | 是 | 是 |
| 企业数 | 430 987 | 29 905 | 214 470 | 10 983 |
| 观测值 | 1 657 890 | 57 963 | 716 148 | 19 091 |
| R 平方 | 0.048 | 0.021 | 0.048 | 0.023 |

注：括号中的数值为聚类标准误；***、**、*分别为1%、5%、10%的显著性水平。

## 4.5　进口竞争与企业创新规模：制度环境的调节作用

前文的基准回归结果表明，进口竞争压力升高仅对企业创新规模存在显著负面影响，对企业创新质量的作用总体上并不显著。由于进口竞争压力对国内企业创新规模的影响可能受国内制度环境变化的作用，为此，在式4.1的基础上引入制度环境 $market$、核心解释变量与制度环境的交互项 $Tariff_{i2001} \times WTO_t \times market$，以考察制度环境对进口竞争与企业创新规模间关系的调节作用。具体模型设定如下：

$$Inno_{fit} = \beta_0 + \beta_2 Tariff_{i2001} \times WTO_t + \beta_3 Tariff_{i2001} \times WTO_t \times market + \beta_4 market +$$
$$X_{fit}'\gamma + Z_{it}'\delta + \theta_f + \lambda_t + \mu_{fit} \qquad 4.4$$

参考蔡地和万迪昉（2012）的做法，采用樊纲等（2011）和王小鲁等（2017）编制的分省份市场化指数度量制度环境。市场化指数具有全面性和连续性等优点，并综合考察了政府与市场的关系、非国有经济的发展、产品市场的发育、要素市场的发育、市场中介组织和法律制度环境5个方面的市场化发展程度。由于后者编制的2008—2014年市场化指数与前者编制的

1997—2009年指数所采用的基期和基础指数均存在一定差异，故借鉴廖进球等（2021）的方法，采用两组指数中2008年和2009年两个交叉年份数据差额的平均值对2010—2014年的指数进行调整。表4.8报告了制度环境对进口竞争影响企业创新规模的调节作用的估计结果。

表4.8　制度环境对进口竞争影响企业创新规模的调节作用

| 项目 | （1）市场化总指数 | （2）市场化方面指数 | （3） | （4） | （5） | （6） |
|---|---|---|---|---|---|---|
| | | 市场与政府的关系 | 非国有经济的发展评分 | 产品市场的发育程度 | 要素市场的发育程度 | 市场中介组织的发育和法律制度环境 |
| $Tariff_{i2001} \times WTO_t$ | 0.183*** （0.013） | −0.251*** （0.019） | 0.057*** （0.008） | 0.001 （0.016） | −0.005 （0.009） | 0.125*** （0.009） |
| $Tariff_{i2001} \times WTO_t \times market$ | −0.032*** （0.002） | 0.022*** （0.002） | −0.014*** （0.001） | −0.008*** （0.002） | −0.012*** （0.002） | −0.025*** （0.001） |
| 制度环境 | 0.023*** （0.001） | 0.005*** （0.001） | 0.003*** （0.000） | −0.002*** （0.000） | 0.007*** （0.001） | 0.010*** （0.000） |
| 控制变量 | 是 | 是 | 是 | 是 | 是 | 是 |
| 企业效应 | 是 | 是 | 是 | 是 | 是 | 是 |
| 年份效应 | 是 | 是 | 是 | 是 | 是 | 是 |
| 企业数 | 645 392 | 645 392 | 645 392 | 645 392 | 645 392 | 645 392 |
| 观测值 | 2 365 551 | 2 365 551 | 2 365 551 | 2 365 551 | 2 365 551 | 2 365 551 |
| R 平方 | 0.049 | 0.047 | 0.047 | 0.047 | 0.048 | 0.049 |

注：括号中的数值为聚类标准误；***、**、*分别为1%、5%、10%的显著性水平。

表4.8列（1）为采用市场化总指数对模型4.4进行估计的相关结果。交互项 $Tariff_{i2001} \times WTO_t \times market$ 的估计系数显著为负，说明制度环境越好，进口竞争加剧对企业专利数量的负向影响越明显。

进一步地，分别考察5个市场化方面指数对进口竞争影响技术创新的调节作用。表4.8列（2）～列（6）的结果表明，一方面，随着非国有经济的发展、产品市场的发育程度、要素市场的发育程度、市场中介组织的发育和法律制度环境4个方面指数的提高，进口竞争加剧对企业专利数量的负面影响将增强。这可能是国内竞争压力和进口竞争压力的联合作用导致的结果；

另一方面，市场与政府的关系指数的改善会弱化进口竞争加剧对企业专利数量的负面作用。这表明，加快构建高水平社会主义市场经济体制，统筹好政府与市场的关系，推动有效市场和有为政府更好结合，可以弱化进口贸易扩大对企业创新规模的负面影响。

## 4.6  本章小结

加入WTO前后是中国工业化快速发展的时期。在此时代背景下，本书将中国加入WTO视为贸易自由化的一个准自然实验。基于加入WTO后行业间进口关税削减程度的差异构建双重差分模型，利用1998—2015年中国制造业企业微观数据，实证检验进口关税降低引致的进口竞争加剧对微观企业创新规模和创新质量的影响。本章进一步结合异质性企业贸易理论，深入考察了进口竞争加剧对不同生产率水平、不同补贴收入、不同贸易方式、不同地理位置的企业的差异化影响。此外，本章还构建了调节效应模型，细致探讨了制度环境对进口竞争影响企业创新规模的调节作用。通过实证分析，本章的主要结论如下：

从创新规模来看，进口竞争加剧总体上阻碍了企业创新规模的扩大，在将所有解释变量滞后一期或滞后两期、控制中间品进口关税等一系列稳健性检验后，该结论仍然成立。进口竞争压力对企业创新规模的影响与企业自身技术水平存在密切关联。企业的生产率越高，进口竞争加剧对其创新规模的负面影响越小。当企业的全要素生产率（$tfp$）大于8.122时，进口竞争加剧反而促进了企业创新规模的扩大。异质性分析表明，进口竞争加剧对企业创新规模的负面影响在低补贴、一般贸易企业和东部地区企业中更为突出。引入国内制度环境作为调节变量的研究发现，国内制度环境越好，进口竞争加剧对企业创新规模的负向影响越明显。进一步研究发现，市场与政府关系的改善则会缓解进口竞争加剧对企业创新规模的负面作用。

从创新质量来看，进口竞争加剧总体上对企业创新质量的影响并不显著。结合前文进口竞争加剧抑制企业创新规模的结论可以发现，若仅考察企业的创新规模，则进口冲击对企业创新的不利影响将被高估。纳入创新质量进行分析有助于客观评估进口压力对市场微观主体的创新效应。引入企业特征的分析表明，进口竞争加剧对企业的创新质量影响与企业的生产率水平和补贴收入存在密切联系，进口竞争压力升高对高生产率、高补贴企业存在更小的负面影响；当企业的全要素生产率（$tfp$）大于6.858时，进口竞争加剧反而能够促进企业创新质量的提升。此外，进口竞争的加剧对企业创新质量的影响与企业的贸易方式、所有制性质和地理位置不存在明显关联。

上述结论意味着从表面上看，进口自由化推动的市场竞争加剧抑制了企业的创新规模扩大，然而此种市场竞争加剧却对高生产率企业技术创新的"量"和"质"存在积极推动作用。因此，应继续积极扩大进口，倒逼优质企业创新；进一步完善市场主体淘汰和退出机制，驱动各种创新资源和创新要素向高生产率企业转移，加速创新质量提升；同时，积极促进产业内部"创造性破坏"机制的形成，推动进口竞争加剧过程中优质企业的创新胜出和落后企业的淘汰退出，驱动行业层面的创新发展。

# 5 中间品进口贸易自由化对企业
技术创新的影响分析

# 5.1 引言

随着国际分工体系的深入发展和全球价值链长度的延伸，中间品贸易蓬勃发展，并成为全球货物贸易的重要组成部分。早在20世纪80年代，就有学者指出高质量中间投入品在推动生产率进步和长期经济增长方面的重要作用（Ethier，1982；Markusen，1989）。贸易自由化通过影响中间品进口的品种、数量、质量及所含的国外技术等影响一国企业的创新投入和产出。联合国贸易和发展会议（UNCTAD）在《2013年世界投资报告》中指出，约60%的全球贸易（超过20万亿美元）由中间品贸易和中间服务贸易构成（UNCTAD，2013）。自此，越来越多的学者开始关注并研究中间品贸易在一国贸易开放与经济发展中所起的重要作用。发达经济体出口的中间品蕴含着高质量研发投入和先进技术，对发展中国家技术创新的影响不容小觑。

中国是全球重要的货物进口国，截至2023年，中国已连续15年稳居全球第二大进口市场。2023年我国进口总值占全球进口总值的比重达10.6%。与此同时，中间品进口长期在我国货物进口中扮演重要角色。2013年中间品进口占我国总进口的比重高达78.6%。2018年中间品进口占比接近80%（许家云等，2017；宋跃刚和郑磊，2020）。2023年我国进口中间品合计14.29万亿元，占全球进口总值的比重接近80%。其中，进口机电类中间品4.41万亿元，占中间品总进口的比重为30.9%；进口能源产品3.2万亿元，占比为22.4%；进口金属矿砂1.67万亿元，占比为11.7%[①]。总体来看，我国中间品进口占比长期维持在高位水平。为了平衡进出口贸易、缓解国际贸易摩擦，我国积极采取多种贸易便利化举措主动扩大进口，2018—2023年，连续六届进口博览会的成功举办彰显了我国进一步开放本国市场的决心。2019年，习近平总书记在二十国集团（G20）大阪峰会上宣布，中国将"进一步自主降低关税水

---

① 洪剑儒."链"全球，中国中间品贸易前景广阔[N]. 国际商报，2024-01-17（001）.

平,努力消除非关税贸易壁垒,大幅削减进口环节制度性成本"[1]。2024年政府工作报告提出扩大高水平对外开放,积极扩大优质产品进口。进口中间品促使我国企业有更多的机会接触和使用发达国家生产的高技术零配件和高端生产设备,极大地推动了中国制造业的快速发展,在促进中国工业化发展方面发挥着至关重要的作用,并对微观企业的经营决策产生不容忽视的作用。

那么,中间品进口贸易对我国制造业企业技术创新产生何种影响?不同类别的中间品进口对企业创新活动的影响是否存在差异?在中间品贸易自由化过程中,不同贸易方式、不同地理位置企业,以及不同技术水平行业的企业创新活动是否有所不同?进口中间品对微观企业技术创新的影响是通过什么机制实现的?面对西方发达国家出现的"逆全球化"思潮,我国始终坚持对外开放的基本国策,积极扩大重要设备、关键零部件等产品进口。在我国持续推进高水平对外开放的背景下,探索中间品贸易自由化对企业技术创新的影响具有深刻的政策含义。

# 5.2 模型设定、变量选择与数据来源

## 5.2.1 模型设定

首先,为考察中间品贸易自由化对企业进口中间品的影响,参考李焕杰和张远(2021)的做法,构建如下回归模型:

$$IM_{fit} = \beta_0 + \beta_5 IndInpT_{it} + C_{fit}'\gamma + \lambda_t + \mu_{fit} \qquad 5.1$$

式中,下标 $f$、$i$、$t$ 分别代表企业、行业和年份;

被解释变量 $IM_{fit}$ 表示企业的中间品进口;

解释变量 $IndInpT_{it}$ 为中间品贸易自由化程度,采用行业层面的中间品进口关税度量;

$C_{fit}'$ 为企业层面控制变量集,具体包括企业年龄、企业经营规模、民营企业和外资企业虚拟变量;

---

① 习近平出席二十国集团领导人第十四次峰会并发表重要讲话[EB/OL].(2019-6-28)[2024-06-20]. http://www.gov.cn/xinwen/2019-06/28/content_5404178.htm.

$\lambda_t$为不随企业变动的年份固定效应；

$\mu_{fit}$为随机扰动项。

式5.1刻画了中间品贸易自由化对企业进口中间品的影响。

其次，为探究进口中间品对企业技术创新的作用，参考钱学锋等（2011）的做法，构建了以下模型：

$$Inno_{fit}=\beta_0+\beta_6 IM_{fit-1}+X_{fit-1}'\gamma+Z_{it-1}'\delta+\theta_f+\lambda_t+\mu_{fit} \tag{5.2}$$

式中，被解释变量$Inno_{fit}$表示企业技术创新；

核心解释变量$IM_{fit-1}$为企业的中间品进口，采用中间品进口金额（$IM\_value$）和中间品进口种类（$IM\_var$）两个指标度量；

$X_{fit-1}'$为企业层面控制变量集；

$Z_{it-1}'$为行业层面控制变量集；

$\theta_f$和$\lambda_t$分别为企业和年份固定效应；

$\mu_{fit}$为随机扰动项。

由于企业在吸收、消化进口中间品包含的先进技术，并将其融入或转化为自身的创新成果需要一定的时间周期，因此企业从进口中间品到创新产出之间必然存在时间上的滞后，将核心解释变量和所有控制变量滞后一期纳入模型。式5.2考察了进口中间品对企业技术创新的影响。

## 5.2.2　变量选择

### 5.2.2.1　中间品贸易自由化（$IndInpT$）

关税是衡量贸易自由化程度的重要指标之一，且具有强外生性和连续性的重要特点。参考阿米蒂和科宁斯（2007）、李焕杰和张远（2021）的做法，采用行业层面的中间品进口关税测度中间品贸易自由化程度，行业中间品进口关税的具体计算方法如第四章所示。

### 5.2.2.2　中间品进口（$IM$）

采用中间品进口金额（$IM\_value$）和中间品进口种类（$IM\_var$）两个指标度量。中间品进口金额为企业从各个国家（或地区）进口中间品的总额，并取对数形式。关于中间品进口种类的测度，借鉴巴斯和施特劳斯-卡恩（2014）的做法，用企业进口中间品的产品种类数目进行测量，并取对数处理，且将同一来源国（地区）进口的HS编码下的同一六位码产品视为一种产品种类。

对于中间品的范畴，大多学者的做法是采用国际上通用的联合国发布的广义经济分类第四版（Broad Economic Categories Rev. 4，BEC Rev. 4）的分类标准进行界定。由于BEC Rev. 4将所有产品划分为初级产品、半成品、零部件、资本品、消费品和其他产品六大类（见表5.1），部分研究者认为中间品涵盖初级产品、半成品和零部件3类，如沈琪和周世民（2014）、沈国兵和于欢（2019）、张杰（2015）、许家云等（2017）；部分学者将初级产品、半成品、零部件和资本品均纳入中间品范畴，并将初级产品、半成品和零部件归类为中间投入品，如楚明钦和陈启斐（2013）、科兰托内和克里诺（2014）、王平等（2015）、冯等（2016）。即现有文献在界定中间品方面的主要分歧在于资本品是否属于一种中间品。

表5.1　BEC Rev. 4代码与名称对应表

| 类别 | | BEC代码 | 英文名称 | 中文名称 |
|---|---|---|---|---|
| 中间投入品 | 初级产品 | 111 | food and beverages，primary，mainly for industry | 主要用于工业的初级食品和饮料 |
| | | 21 | industrial supplies not elsewhere specified，primary | 未另归类的初级工业用品 |
| | | 31 | fuels and lubricants，primary | 初级燃料和润滑剂 |
| | 半成品 | 121 | food and beverages，processed，mainly for industry | 主要用于工业的加工后的食品和饮料 |
| | | 22 | industrial supplies not elsewhere specified，processed | 未另归类的加工后工业用品 |
| | | 322 | fuels and lubricants，processed，other | 其他加工后的燃料和润滑剂 |
| | 零部件 | 42 | capital goods（except transport equipment），parts and accessories | 资本货物零配件（运输设备零配件除外） |
| | | 53 | transport equipment，parts and accessories | 运输设备零配件 |
| 资本品 | | 41 | capital goods（except transport equipment） | 资本货物（运输设备除外） |
| | | 521 | transport equipment and parts and accessories thereof，other，industrial | 工业用其他运输设备及其零配件 |

续　表

| 类别 | BEC代码 | 英文名称 | 中文名称 |
|---|---|---|---|
| 消费品 | 112 | food and beverages, primary, mainly for household consumption | 主要用于家庭消费的初级食品和饮料 |
| | 122 | food and beverages, processed, mainly for household consumption | 主要用于家庭消费的加工后的食品和饮料 |
| | 522 | transport equipment and parts and accessories thereof, other, non-industrial | 非工业用运输设备 |
| 其他产品 | 61 | consumer goods not elsewhere specified, durable | 未另归类的耐用消费品 |
| | 62 | consumer goods not elsewhere specified, semi-durable | 未另归类的半耐用消费品 |
| | 63 | consumer goods not elsewhere specified, non-durable | 未另归类的非耐用消费品 |

注：数据源于联合国统计司。本表未包括BEC代码为321（motor spirits，汽油）、51（passenger motor cars，载客汽车）和7（goods not elsewhere specified，未另归类的货品）的产品。原因在于这些产品既可以用作中间品，又可以用于消费品。

根据投资百科（Investopedia）的说明，中间品（Intermediate goods）是指用于生产最终产品或成品的产品；资本品（Capital goods）是指公司在生产过程中用来制造消费者稍后会使用的产品和服务的实物资产[1]。根据中间品和资本品的定义，结合冯等（2016）等文献的做法和本书的研究目的，将资本品视为中间品的一个类别进行研究。据此，本章所指的中间品包括BEC Rev. 4中的初级产品（BEC代码为111、21和31）、半成品（BEC代码为121、22和322）、零部件（BEC代码为42和53）和资本品（BEC代码为41和521）[2]。由于海关统计库中的企业进口数据是依据HS编码分类统计的，故根据联合国提供的BEC Rev. 4产品类别和HS编码对照表[3]，明晰每种HS编

---

① 投资百科（Investopedia）网址：https://www.investopedia.com/.

② 部分文献对资本品的界定有所不同，如Brandt等（2017）、魏悦羚和张洪胜（2019）将BEC代码为41、51、52的产品均归类为资本品。本书采用主流文献的做法及联合国统计司的分类标准，仅将BEC代码为41和521的产品归类为资本品。

③ 资料来源：联合国统计司（United Nations Statistical Division，UNSD）经济统计分类，https://unstats.un.org/unsd/classifications/econ/.

码产品所属BEC分类，进而筛选出企业进口产品中的中间品。

### 5.2.2.3 企业技术创新（*Inno*）

与前文类似，本章采用企业的发明专利申请数量（*Inno_no*）度量企业的创新规模，用发明专利质量（*Inno_qua*）度量企业的创新质量。

### 5.2.2.4 控制变量

与前文类似，式5.1选取的企业层面控制变量包括企业年龄（1g*age*）、企业经营规模（1g*labor*）、民营企业（*myqy*）和外资企业虚拟变量（*wzqy*）；参考前文做法，式5.2选取的控制变量包括企业年龄（1g*age*）、企业经营规模（1g*labor*）、民营企业虚拟变量（*myqy*）、外资企业虚拟变量（*wzqy*）、企业出口强度（*exp*）、企业资本劳动比（1g*kl*）和政府补贴（1g*bt*）等企业特征变量，以及行业内企业数量（1g*firmno*）、行业赫芬达尔指数（*HHI*）和行业平均固定资产（1g*fa*）等行业特征变量。

## 5.2.3 数据来源

本章的数据主要包括：第一，企业层面的生产数据，源于国家统计局发布的中国工业企业库；第二，企业层面的进口数据，根据中国海关统计库的产品贸易数据在企业层面汇总得到；第三，企业层面的专利数据，来自佰腾网和国家知识产权局中国专利公布公告网；第四，产品层面的关税数据，来自世界银行WITS数据库和WTO关税数据库。

数据的具体处理过程如下：第一，参考前文做法，整理中国工业企业库。第二，匹配中国工业企业库与海关统计库。参考戴觅和余淼杰（2012）的做法，依次采用两套数据库中的企业中文名称加年份、企业的邮政编码加电话号码后7位两种方法进行匹配。第三，根据产品层面的进口关税数据计算行业层面中间品进口关税，并将行业层面中间品进口关税纳入合并数据库。第四，根据上述合并数据库中的企业中文名称，从佰腾网和中国专利公布公告网获取企业各年专利数据。与前文类似，采用同一企业在样本期内的所有中文名称进行专利检索，并将获得的专利数据按年份加总。经整理，最终得到2000—2015年制造业企业层面的大规模非平衡面板数据集。整理后的数据集样本数为505 578个，大样本数据有助于提高估计结果的准确性。

主要变量的描述性统计如表5.2所示。

表5.2  主要变量描述性统计

| 变量 | 指标说明 | 样本数（个） | 均值 | 标准差 | 最小值 | 最大值 |
|---|---|---|---|---|---|---|
| $IndInpT$ | 行业层面中间品进口关税 | 505 578 | 0.089 | 0.035 | 0.032 | 0.443 |
| $IM\_value$ | 中间品进口金额 | 505 578 | 12.865 | 2.939 | 0.693 | 23.800 |
| $IM\_var$ | 中间品进口种类 | 505 578 | 2.355 | 1.319 | 0.693 | 7.807 |
| $Inno\_no$ | 创新规模 | 505 578 | 0.137 | 0.504 | 0 | 8.678 |
| $Inno\_qua$ | 创新质量 | 47 477 | 0.456 | 0.297 | 0 | 0.932 |
| $lgage$ | 企业年龄 | 505 578 | 2.155 | 0.657 | 0 | 5.100 |
| $lglabor$ | 企业经营规模 | 505 578 | 5.607 | 1.162 | 2.303 | 12.531 |
| $myqy$ | 民营企业虚拟变量 | 505 578 | 0.272 | 0.445 | 0 | 1 |
| $wzqy$ | 外资企业虚拟变量 | 505 578 | 0.713 | 0.452 | 0 | 1 |
| $exp$ | 出口强度 | 476 233 | 0.423 | 0.467 | 0 | 48.928 |
| $lgkl$ | 企业资本劳动比 | 505 578 | 4.050 | 1.516 | −6.265 | 14.748 |
| $lgbt$ | 政府补贴 | 363 299 | 1.281 | 2.556 | 0 | 14.634 |
| $lg\,firmno$ | 行业内企业数量 | 505 578 | 7.792 | 0.993 | 2.079 | 9.706 |
| $HHI$ | 行业赫芬达尔指数 | 505 578 | 0.016 | 0.038 | 0.001 | 0.890 |
| $lg\,fa$ | 行业平均固定资产 | 505 578 | 10.160 | 0.898 | 7.974 | 14.770 |

## 5.3 实证结果分析

### 5.3.1 中间品贸易自由化影响企业进口中间品的回归结果分析

表5.3给出了对式5.1进行估计的相关结果。列（1）和列（2）报告了中间品贸易自由化影响企业进口中间品金额的估计结果，无论是否纳入控制变量，核心解释变量$IndInpT$的估计系数始终在1%的统计性水平上显著为负，随着行业中间品关税的下降和中间品贸易自由化程度的提升，企业进口中间品的金额显著上升。

列（3）和列（4）为中间品贸易自由化影响企业进口中间品种类的估计

结果，无论是否纳入控制变量，*IndInpT*的估计系数仍显著为负，表明中间品贸易自由化促进了企业进口中间品种类的增多。

归纳而言，中间品贸易自由化从金额和种类两个方面显著推动了中国制造业微观主体的中间品进口。

表5.3　中间品贸易自由化与企业进口中间品

| 项目 | （1） | （2） | （3） | （4） |
|---|---|---|---|---|
| | 进口中间品金额 | | 进口中间品种类 | |
| *IndInpT* | −4.073*** （0.256） | −5.084*** （0.239） | −1.449*** （0.111） | −1.902*** （0.100） |
| lg*age* | — | −0.147*** （0.009） | — | −0.027*** （0.004） |
| lg*labor* | — | 0.414*** （0.006） | — | 0.172*** （0.002） |
| *myqy* | — | 0.103* （0.060） | — | 0.054** （0.023） |
| *wzqy* | — | 1.264*** （0.060） | — | 0.690*** （0.023） |
| 观测值 | 505 578 | 505 578 | 505 578 | 505 578 |
| R 平方 | 0.019 | 0.171 | 0.007 | 0.217 |
| 企业数 | 113 883 | 113 883 | 113 883 | 113 883 |
| 年份效应 | 是 | 是 | 是 | 是 |

注：括号中的数值为在三位数行业层面聚类的标准误；***、**、*分别为1%、5%、10%的显著性水平；所有回归均控制年份效应。

## 5.3.2　进口中间品影响企业技术创新的回归结果分析

对于固定效应模型和随机效应模型的选取，本章采用了豪斯曼（Hausman）检验方式进行检验，发现采用固定效应模型进行估计更为合适，因此，本小节的实证研究均采用面板固定效应模型。表5.4列（1）和列（2）分别报告了采用双向固定效应模型估计中间品进口金额和中间品进口种类影响企业创新规模的相关结果，在控制企业年龄、规模、所有制性质、出口强度、资本劳动比、政府补贴等企业特征和行业内企业数量、行业赫芬达尔指数、行业平均固定资产等行业特征后，中间品进口金额和中间品进口种类的估计系数均在1%的统计水平上显著为正，中间品进口数量的扩大和中间品进口种类的扩张均促进了企业创新规模的扩大。平均而言，企业的中间品进口金额每增加10%会使发明专利申请数量显著提高0.1%，企业的中间品进口种类每增加10%会促使企业的发明专利申请数量提高0.3%。

表5.4列（3）和列（4）分别报告了中间品进口金额和中间品进口种类对企业创新质量影响的估计结果。在控制企业和行业特征后，中间品进口金额的估计系数在统计意义上并不显著，中间品进口种类的估计系数则在5%的水平上显著，表明中间品进口种类的增加确实促进了企业创新质量的提升。企业的中间品进口种类每增加10%，将促使发明专利质量平均提升0.001个单位（0.1×0.01），相当于样本均值的0.22%（0.001/0.456）。这表明中间品进口种类对企业创新质量具有经济意义上的显著影响。

这一结论揭示了中间品进口金额和进口种类的福利效应。中间品进口金额的增加和中间品进口种类的增多促进了企业创新规模的扩大。更重要的是，与中间品进口金额相比，企业中间品进口种类的扩张对企业创新质量的提升具有积极促进作用。通过持续提升进口便利化水平，借助线上、线下多种方式降低企业对国外高质量中间品的搜寻和筛选成本及采购成本，有助于提高企业在全世界范围内进行资源整合的能力，丰富企业能够使用的中间品的品种，推动企业创新质量提升。

**表5.4　进口中间品对企业技术创新影响的基准估计结果**

| 项目 | （1） | （2） | （3） | （4） |
|---|---|---|---|---|
| | 创新规模 | | 创新质量 | |
| 中间品进口金额 | 0.010***<br>（0.001） | — | 0.001<br>（0.001） | — |
| 中间品进口种类 | — | 0.030***<br>（0.002） | — | 0.010**<br>（0.004） |
| lg$age$ | −0.065***<br>（0.005） | −0.066***<br>（0.005） | −0.003<br>（0.009） | −0.003<br>（0.009） |
| lg$labor$ | 0.066***<br>（0.004） | 0.064***<br>（0.003） | 0.008<br>（0.006） | 0.006<br>（0.006） |

续　表

| 项目 | （1） | （2） | （3） | （4） |
|---|---|---|---|---|
| | 创新规模 | | 创新质量 | |
| *myqy* | 0.196*** <br>（0.034） | 0.196*** <br>（0.034） | 0.063** <br>（0.025） | 0.063** <br>（0.025） |
| *wzqy* | 0.102*** <br>（0.036） | 0.102*** <br>（0.036） | 0.051* <br>（0.028） | 0.050* <br>（0.028） |
| *exp* | 0.008*** <br>（0.002） | 0.008*** <br>（0.002） | −0.010 <br>（0.017） | −0.011 <br>（0.017） |
| lg*kl* | 0.066*** <br>（0.002） | 0.064*** <br>（0.002） | 0.004 <br>（0.004） | 0.003 <br>（0.004） |
| lg*bt* | 0.005*** <br>（0.001） | 0.005*** <br>（0.001） | −0.000 <br>（0.001） | −0.001 <br>（0.001） |
| lg*firmno* | 0.008*** <br>（0.003） | 0.007*** <br>（0.003） | 0.010 <br>（0.007） | 0.010 <br>（0.007） |
| *HHI* | −0.018 <br>（0.028） | −0.019 <br>（0.028） | 0.084* <br>（0.044） | 0.084* <br>（0.044） |
| lg*fa* | −0.006* <br>（0.004） | −0.006* <br>（0.004） | −0.005 <br>（0.009） | −0.005 <br>（0.009） |
| 企业效应 | 是 | 是 | 是 | 是 |
| 年份效应 | 是 | 是 | 是 | 是 |
| 观测值 | 290 347 | 290 347 | 27 490 | 27 490 |
| R 平方 | 0.063 | 0.064 | 0.018 | 0.019 |

注：括号中的数值为聚类标准误；***、**、*分别为1%、5%、10%的显著性水平。

### 5.3.3 内生性问题的处理

现有研究表明，创新能力强的企业通常具有更高的生产率水平；生产率水平则是影响企业进口行为的重要因素之一（Melitz，2003）。中间品进口与技术创新的这一反向因果关系会带来内生性问题，并导致模型估计结果的不一致。借鉴许家云等（2017）的研究方法，采用企业中间品进口关税作为企业中间品进口的工具变量进行分析，其原因在于，首先，中间品进口关税具有较强外生性，符合工具变量选取的外生性要求；其次，从影响机制看，中间品进口关税会通过改变贸易成本影响企业进口行为，但显然不会直接影响企业技术创新，符合工具变量选取的相关性要求。具体而言，企业中间品进口关税的计算公式如式5.3所示。

$$FirmInpT_{ft}=\sum_{m}\sum_{n}\alpha_{fmnt} \times Tariff_{mnt} \qquad 5.3$$

式中，$FirmInpT_{ft}$表示企业$f$在$t$年的中间品进口关税；

$Tariff_{mnt}$为来自$m$国（地区）的$n$产品在$t$年的进口关税；

$\alpha_{fmnt}$表示企业$f$在$t$年对$m$国（地区）$n$产品的进口金额占该企业中间品进口总额的比重。

产品层面进口关税数据的来源与前文所述一致。

表5.5列（1）～列（4）为使用企业中间品进口关税分别作为中间品进口金额和中间品进口种类的工具变量，考察中间品进口对企业技术创新影响的相关估计结果。在控制可能存在的内生性后，中间品进口金额增加和中间品进口种类扩张对企业创新规模的积极影响仍然显著成立，对企业创新质量的影响则均不显著。这一结论再次表明，与创新规模相比，中间品进口对创新质量的影响并不明显。

表5.5　工具变量法估计结果

| 项目 | （1） | （2） | （3） | （4） |
|---|---|---|---|---|
| | 创新规模 | | 创新质量 | |
| 中间品进口金额 | 0.118***<br>（0.009） | — | 0.001<br>（0.007） | — |
| 中间品进口种类 | — | 0.204***<br>（0.013） | — | 0.001<br>（0.017） |
| 控制变量 | 是 | 是 | 是 | 是 |
| 企业效应 | 是 | 是 | 是 | 是 |
| 年份效应 | 是 | 是 | 是 | 是 |
| 观测值 | 290 305 | 290 305 | 27 490 | 27 490 |

注：括号中的数值为聚类标准误；***、**、*分别为1%、5%、10%的显著性水平。

## 5.4 企业异质性分析

### 5.4.1 区分不同中间品类别

如前文所述，本书研究的中间品包括初级产品、半成品、零部件和资本品4类。为了解不同类别中间品可能带来的差异化影响，分别计算企业进口上述4类中间品的金额和种类数目，以进行深入分析。根据表5.6，初级产品、半成品、零部件和资本品的进口金额增加与进口种类扩张均有助于企业创新规模的扩大。这与当前大多研究者的结论一致，即进口国外中间品有利于促进国内企业的技术创新。积极发挥进口中间品在推动创新方面的作用有助于加速发展中国家的创新规模扩大和技术水平提升。

表5.6　不同类别中间品对企业创新规模的影响

| 项目 | （1） | （2） | （3） | （4） | （5） | （6） | （7） | （8） |
| --- | --- | --- | --- | --- | --- | --- | --- | --- |
| | 初级产品 | | 半成品 | | 零部件 | | 资本品 | |
| 进口金额 | $0.009^{***}$ (0.002) | — | $0.008^{***}$ (0.001) | — | $0.009^{***}$ (0.001) | — | $0.007^{***}$ (0.001) | — |
| 进口种类 | — | $0.026^{***}$ (0.006) | — | $0.019^{***}$ (0.002) | — | $0.018^{***}$ (0.003) | — | $0.023^{***}$ (0.002) |
| 控制变量 | 是 | 是 | 是 | 是 | 是 | 是 | 是 | 是 |
| 企业效应 | 是 | 是 | 是 | 是 | 是 | 是 | 是 | 是 |
| 年份效应 | 是 | 是 | 是 | 是 | 是 | 是 | 是 | 是 |
| 观测值 | 29 060 | 29 060 | 248 188 | 248 188 | 141 691 | 141 691 | 156 367 | 156 367 |
| R 平方 | 0.053 | 0.053 | 0.056 | 0.056 | 0.075 | 0.075 | 0.079 | 0.079 |

注：括号中的数值为聚类标准误；***、**、*分别为1%、5%、10%的显著性水平。

表5.7报告了初级产品、半成品、零部件和资本品4类进口中间品对企业创新质量影响的估计结果。半成品的进口金额增加和种类扩大显著提升了企业创新质量，而初级产品、零部件和资本品的进口则对企业创新质量无显著影响。

对这一结果的可能解释是，进口半成品与企业创新存在一定的互补关系，企业利用进口半成品内嵌的发达国家的先进技术和制造工艺，完成技术集成（Liu and Qiu，2016）；随着进口半成品数量和种类的增加，企业配套使用的机器设备和生产工艺也更先进，将推动企业的科技成果转化率，并有助于提高创新产出（郭冬梅等，2021）。

　　然而，尽管研究结果证实了进口半成品对创新质量的积极作用，我们也应警惕半成品的对外依存度过高，可能导致的国内企业对进口半成品内含的国外先进技术的过度依赖；进口半成品等中间产品内含的先进技术可能导致企业减少对基础研究或关键核心技术的投入，从而缺乏对自身技术优势的挖掘。这将会导致核心技术和行业生产被部分发达国家"卡脖子"的情况。在这种情况下，一旦发达国家实施贸易制裁，国内企业的生存和整个行业的发展都将面临巨大的威胁。从结果也可以看出，与创新规模相比，进口中间品对企业创新质量的正向影响更小，所以应理性看待进口中间品的促创新效应。

表5.7　不同类别中间品对企业创新质量的影响

| 项目 | （1） | （2） | （3） | （4） | （5） | （6） | （7） | （8） |
|---|---|---|---|---|---|---|---|---|
| | 初级产品 | | 半成品 | | 零部件 | | 资本品 | |
| 进口金额 | −0.002<br>（0.005） | — | 0.005***<br>（0.002） | — | −0.002<br>（0.002） | — | −0.002<br>（0.002） | — |
| 进口种类 | — | 0.001<br>（0.019） | — | 0.007*<br>（0.004） | — | 0.007<br>（0.004） | — | 0.006<br>（0.004） |
| 控制变量 | 是 | 是 | 是 | 是 | 是 | 是 | 是 | 是 |
| 企业效应 | 是 | 是 | 是 | 是 | 是 | 是 | 是 | 是 |
| 年份效应 | 是 | 是 | 是 | 是 | 是 | 是 | 是 | 是 |
| 观测值 | 2 285 | 2 285 | 21 685 | 21 685 | 17 026 | 17 026 | 17 896 | 17 896 |
| R 平方 | 0.059 | 0.059 | 0.021 | 0.020 | 0.021 | 0.021 | 0.021 | 0.021 |

注：括号中的数值为聚类标准误；***、**、*分别为1%、5%、10%的显著性水平。

## 5.4.2　区分企业贸易方式

　　企业从事进出口的贸易方式可能会影响进口中间品的创新效应。分样本回归结果如表5.8所示。在创新规模方面，进口中间品的金额增加和种类扩张对企业的创新规模均具有显著促进作用。该促进作用在非加工贸易企业中更显著。这一结果与大多学者的研究一致。在创新质量方面，仅有进口中间品种类的增加能够促进一般贸易企业的创新质量提升。这意味着，尽管进口中间品对所有类型企业的创新规模均具有显著促进作用，但仅对一般贸易企业的创新质量存在显著提升效应。在当前我国专利发展规模较大的背景下，应大力推动一般贸易企业中间品进口，促进企业技术创新"质"的跃升。

表5.8　进口中间品对不同贸易方式企业技术创新的影响

| 项目 | （1） | （2） | （3） | （4） |
|---|---|---|---|---|
| | 加工贸易企业 | | | |
| | 创新规模 | 创新质量 | 创新规模 | 创新质量 |
| 中间品进口金额 | 0.008*** <br> （0.002） | 0.006 <br> （0.006） | — | — |
| 中间品进口种类 | — | — | 0.015*** <br> （0.003） | 0.019 <br> （0.013） |
| 观测值 | 81 183 | 3 564 | 81 183 | 3 564 |
| R 平方 | 0.032 | 0.033 | 0.032 | 0.034 |
| 项目 | （5） | （6） | （7） | （8） |
| | 混合贸易企业 | | | |
| | 创新规模 | 创新质量 | 创新规模 | 创新质量 |
| 中间品进口金额 | 0.011*** <br> （0.001） | −0.001 <br> （0.003） | — | — |
| 中间品进口种类 | — | — | 0.029*** <br> （0.004） | 0.003 <br> （0.008） |
| 观测值 | 85 061 | 6 486 | 85 061 | 6 486 |
| R 平方 | 0.064 | 0.033 | 0.065 | 0.033 |
| 项目 | （9） | （10） | （11） | （12） |
| | 一般贸易企业 | | | |
| | 创新规模 | 创新质量 | 创新规模 | 创新质量 |
| 中间品进口金额 | 0.010*** <br> （0.001） | 0.001 <br> （0.002） | — | — |
| 中间品进口种类 | — | — | 0.036*** <br> （0.004） | 0.009** <br> （0.005） |
| 观测值 | 124 103 | 17 440 | 124 103 | 17 440 |
| R 平方 | 0.084 | 0.016 | 0.085 | 0.016 |

注：括号中的数值为聚类标准误；***、**、*分别为1%、5%、10%的显著性水平；所有回归均加入控制变量、企业和年份效应。

### 5.4.3 区分企业产权性质

为了考察进口中间品对不同产权性质企业技术创新的差异化影响，本章将所有样本企业划分为国有企业、民营企业和外资企业3类，并进行分样本回归。表5.9结果显示，中间品进口金额的增加和进口种类的扩大对国有企业、民营企业和外资企业的创新规模均存在显著促进作用。中间品进口金额对国有企业、民营企业和外资企业的创新规模的边际效应分别为0.014、0.011和0.005，中间品进口种类对3类企业的边际效应分别0.071、0.058和0.012。这表明，与外资企业相比，中间品进口金额的增加和中间品进口种类的扩大对国有企业和民营企业创新规模的促进作用更为突出。这可能是因为外资企业可以凭借先天优势在较早的时候接触和利用国外市场中的高技术中间品，国外中间品对其的技术溢出和研发激励相对更小。

**表5.9  进口中间品对不同所有制性质企业的技术创新的影响**

| 项目 | （1） | （2） | （3） | （4） |
|---|---|---|---|---|
| | 国有企业 | | | |
| | 创新规模 | 创新质量 | 创新规模 | 创新质量 |
| 中间品进口金额 | 0.014** (0.006) | -0.006 (0.007) | — | — |
| 中间品进口种类 | — | — | 0.071*** (0.020) | 0.035** (0.014) |
| 观测值 | 4 573 | 949 | 4 573 | 949 |
| R 平方 | 0.241 | 0.068 | 0.247 | 0.078 |
| 项目 | （5） | （6） | （7） | （8） |
| | 民营企业 | | | |
| | 创新规模 | 创新质量 | 创新规模 | 创新质量 |
| 中间品进口金额 | 0.011*** (0.002) | -0.000 (0.002) | — | — |
| 中间品进口种类 | — | — | 0.058*** (0.006) | 0.005 (0.005) |
| 观测值 | 72 062 | 14 514 | 72 062 | 14 514 |
| R 平方 | 0.103 | 0.018 | 0.106 | 0.018 |

续　表

| 项目 | （9） | （10） | （11） | （12） |
|---|---|---|---|---|
| | 外资企业 | | | |
| | 创新规模 | 创新质量 | 创新规模 | 创新质量 |
| 中间品进口金额 | 0.005*** <br>（0.001） | 0.002 <br>（0.003） | — | — |
| 中间品进口种类 | — | — | 0.012*** <br>（0.002） | 0.006 <br>（0.006） |
| 观测值 | 213 699 | 12 019 | 213 699 | 12 019 |
| R 平方 | 0.037 | 0.017 | 0.037 | 0.017 |

注：括号中的数值为聚类标准误；***、**、*分别表示1%、5%、10%的显著性水平下；所有回归均加入控制变量、企业和年份的固定效应。

此外，中间品进口种类的增加对国有企业子样本的创新质量存在显著的促进作用，对民营企业和外资企业的创新质量则无显著影响。这一结论与聂辉华等（2008）等人的研究基本一致。

### 5.4.4 区分企业所处地理位置

中国幅员辽阔，对外开放政策对不同地域企业的影响也有所差异。依照企业所处地域，将所有样本划分为东部和中西部地区样本，并进行分析本回归，结果如表5.10所示。

表5.10　进口中间品对不同地域企业技术创新的作用

| 项目 | （1） | （2） | （3） | （4） | （5） | （6） | （7） | （8） |
|---|---|---|---|---|---|---|---|---|
| | 东部地区 | | | | 中西部地区 | | | |
| | 创新规模 | 创新质量 | 创新规模 | 创新质量 | 创新规模 | 创新质量 | 创新规模 | 创新质量 |
| 中间品进口金额 | 0.009*** <br>（0.001） | 0.002 <br>（0.002） | — | — | 0.013*** <br>（0.003） | −0.005 <br>（0.003） | — | — |
| 中间品进口种类 | — | — | 0.026*** <br>（0.002） | 0.010** <br>（0.004） | — | — | 0.053*** <br>（0.008） | 0.005 <br>（0.009） |
| 观测值 | 258 379 | 23 409 | 258 379 | 23 409 | 31 883 | 4 067 | 31 883 | 4 067 |
| 控制变量 | 是 | 是 | 是 | 是 | 是 | 是 | 是 | 是 |

| 项目 | （1） | （2） | （3） | （4） | （5） | （6） | （7） | （8） |
|------|------|------|------|------|------|------|------|------|
| | 东部地区 | | | | 中西部地区 | | | |
| | 创新规模 | 创新质量 | 创新规模 | 创新质量 | 创新规模 | 创新质量 | 创新规模 | 创新质量 |
| 企业效应 | 是 | 是 | 是 | 是 | 是 | 是 | 是 | 是 |
| 年份效应 | 是 | 是 | 是 | 是 | 是 | 是 | 是 | 是 |
| R 平方 | 0.059 | 0.019 | 0.060 | 0.019 | 0.100 | 0.036 | 0.103 | 0.035 |

注：括号中的数值为聚类标准误；***、**、*分别为1%、5%、10%的显著性水平。

由表5.10可知，在创新规模方面，中间品进口的创新规模促进作用在东部地区和中西部地区企业样本中均成立，且中间品进口金额的增加和进口种类的扩张对中西部地区企业创新规模的促进作用更大。可能由于中西部地区的开放程度总体偏低，在贸易开放前受到的技术外溢和技术互补更小，故贸易开放后企业的技术创新规模更易受进口产品数量和品种增加的影响。在创新质量方面，中间品进口种类的扩大仅对东部地区企业存在创新质量提升效应。与中西部地区相比，东部地区企业的竞争往往更为激烈，对产品的质量要求更高，故而中间品进口对其创新质量提升更明显。

## 5.4.5　区分不同技术水平行业

行业技术水平是影响企业创新动机的重要因素。与中低技术行业相比，高技术行业的技术竞争更为激烈、创新投入的回报率更高，高技术行业企业有更强的动力进行研发创新，以不断提高企业的核心竞争力。鉴于此，借鉴吕越等（2018）的做法，参照《国民经济行业分类》（GB/T 4574—2002）的分类标准，根据样本企业所处行业是否为高技术行业，将所有样本企业划分为高技术行业企业和中低技术行业企业两大类[1]，并进行分样本回归分析。表5.11给出了相应的估计结果。

---

① 具体地，高技术行业是指《国民经济行业分类》（GB/T 4574—2002）中的化学原料及化学制品制造业（代码为26），医药制造业（代码为27），化学纤维制造业（代码为28），专用设备制造业（代码为36），交通运输设备制造业（代码为37），电气机械及器材制造业（代码为39），通信设备、计算机及其他电子设备制造业（代码为40），以及仪器仪表及文化、办公用机械制造业（代码为41）等8个两位数行业；中低技术行业是指除上述8个行业以外的其余行业。

表5.11 进口中间品对高技术行业和中低技术行业企业技术创新的影响

| 项目 | （1） | （2） | （3） | （4） | （5） | （6） | （7） | （8） |
|---|---|---|---|---|---|---|---|---|
| | 高技术行业 | | | | 中低技术行业 | | | |
| | 创新规模 | 创新质量 | 创新规模 | 创新质量 | 创新规模 | 创新质量 | 创新规模 | 创新质量 |
| 中间品进口金额 | 0.013***<br>（0.002） | 0.001<br>（0.002） | — | — | 0.007***<br>（0.001） | −0.000<br>（0.003） | — | — |
| 中间品进口种类 | — | — | 0.038***<br>（0.004） | 0.013***<br>（0.005） | — | — | 0.018***<br>（0.002） | 0.002<br>（0.007） |
| 控制变量 | 是 | 是 | 是 | 是 | 是 | 是 | 是 | 是 |
| 企业效应 | 是 | 是 | 是 | 是 | 是 | 是 | 是 | 是 |
| 年份效应 | 是 | 是 | 是 | 是 | 是 | 是 | 是 | 是 |
| 企业个数 | 37 931 | 9 122 | 37 931 | 9 122 | 56 547 | 5 678 | 56 547 | 5 678 |
| 观测值 | 118 294 | 17 744 | 118 294 | 17 744 | 172 053 | 9 746 | 172 053 | 9 746 |
| R 平方 | 0.081 | 0.016 | 0.082 | 0.017 | 0.044 | 0.029 | 0.044 | 0.029 |

注：括号中的数值为聚类标准误；***、**、*分别为1%、5%、10%的显著性水平。

在创新规模方面，中间品进口金额增加和种类扩大对两类企业的创新规模均产生了显著促进效应。该促进效应在高技术行业企业中更为突出。在创新质量方面，中间品进口种类扩大促进了高技术行业企业创新质量提升，对低技术行业企业则无显著影响。这表明中间品进口对高技术行业企业的创新推动作用更加明显，这一结论符合理论预期。

## 5.5 拓展分析

### 5.5.1 进口中间品与企业技术创新：技术吸收能力的影响

国际经济学相关理论研究表明，中间品进口对发展中国家的创新活动存在推动作用。然而，现有实证研究表明，发展中国家通过贸易来提升技术水平的能力会受到一定制约，企业的技术吸收能力是其中的重要影响因素。企业的技术吸收能力直接影响企业利用外界技术和知识的程度（Cohen and Levinthal，1990）。通常，企业的技术吸收能力越强，企业与发达国家企业的知识距离越小，进口中间品的创新效应越明显。据此，在基础模型5.1的基础上加入技术吸收能力及其与进口中间品的交互项，以考察技术吸收能力对进口中间品与技术创新之间关系的影响，具体模型设定如下：

$$Inno_{fit}=\beta_0+\beta_7IM_{fit-1}+\beta_8IM_{fit-1}\times absorb_{fit-1}+\beta_9absorb_{fit-1}+X_{fit-1}'\gamma+$$
$$Z_{it-1}'\delta+\theta_f+\lambda_t+\mu_{fit} \hspace{3cm} 5.4$$

式中，$absorb$ 表示企业的技术吸收能力；

$IM \times absorb$ 是进口中间品与企业技术吸收能力的交互项。其回归系数 $\beta_8$ 是本章关注的焦点，若 $\beta_8>0$，则表明技术吸收能力强化了进口中间品对企业技术创新的影响。

借鉴吕越等（2018）的做法，采用人力资本水平即企业本年应付工资总额与职工人数的比重作为企业技术吸收能力的代理。依据在于，企业的人力资本水平在较大程度上反映了企业的技术吸收能力；企业的工资水平越高，人力资本质量越好，对国外先进技术消化吸收及学习的能力也越强。表5.12给出了对模型5.4进行估计的相关结果。

表5.12　技术吸收能力对进口中间品与企业技术创新之间关系的影响

| 项目 | （1） | （2） | （3） | （4） |
| --- | --- | --- | --- | --- |
| | 创新规模 | 创新质量 | 创新规模 | 创新质量 |
| 中间品进口金额 | −0.003<br>（0.003） | 0.002<br>（0.004） | — | — |
| 中间品进口金额 ×<br>技术吸收能力 | 0.004***<br>（0.001） | −0.000<br>（0.001） | — | — |
| 中间品进口种类 | — | — | 0.023***<br>（0.005） | 0.011<br>（0.009） |
| 中间品进口种类 × 技<br>术吸收能力 | — | — | 0.001<br>（0.002） | −0.001<br>（0.002） |
| 技术吸收能力 | −0.003<br>（0.011） | 0.024*<br>（0.014） | 0.046***<br>（0.005） | 0.021***<br>（0.008） |
| 控制变量 | 是 | 是 | 是 | 是 |
| 企业效应 | 是 | 是 | 是 | 是 |
| 年份效应 | 是 | 是 | 是 | 是 |
| 观测值 | 290 110 | 27 477 | 290 110 | 27 477 |
| R 平方 | 0.068 | 0.019 | 0.068 | 0.020 |

注：括号中的数值为聚类标准误；***、**、*分别为1%、5%、10%的显著性水平。

从中间品进口金额看，列（1）展示了被解释变量为创新规模的估计结果。中间品进口金额与技术吸收能力交互项的估计系数显著为正，表明企业的技术吸收能力越强，中间品进口金额增加对企业创新规模的提升作用越大。这一结果揭示了技术吸收能力在企业创新活动中的重要作用。列（2）展示了被解释变量为创新质量的估计结果，中间品进口金额与技术吸收能力交互项的估计系数在统计意义上并不显著，表明技术吸收能力对中间品进口金额与企业创新质量之间的关系不存在显著影响。从中间品进口种类看，列（3）和列（4）分别展示了被解释变量为创新规模和创新质量的估计结果。中间品进口种类与技术吸收能力交互项的估计系数在统计意义上不显著，说明中间品进口种类对企业技术创新的作用不受企业技术吸收能力的影响。

归纳而言，企业技术吸收能力在影响中间品进口金额对企业创新规模的促进作用方面发挥了积极作用。但在中间品贸易自由化过程中，企业技术吸收能力对中间品进口影响企业创新质量方面的作用并不明显。

### 5.5.2 进口中间品影响企业技术创新的机制分析

从前文的分析可以看到，进口中间品显著推动了微观主体的技术创新，为深入探索其中的影响机制，参考巴伦和肯尼（Baron and Kenny，1986）的做法，构建以下中介效应模型：

$$Mech_{fit} = \beta_0 + \beta_{10}IM_{fit-1} + X_{fit-1}'\gamma + Z_{it-1}'\delta + \theta_f + \lambda_t + \mu_{fit} \qquad 5.5$$

$$Inno_{fit} = \beta_0 + \beta_{11}IM_{fit-1} + \beta_{12}Mech_{fit-1} + X_{fit-1}'\gamma + Z_{it-1}'\delta + \theta_f + \lambda_t + \mu_{fit} \qquad 5.6$$

式中，$Mech$ 为中介变量，具体包括技术溢出效应、技术互补效应和研发激励效应。

式 5.5 验证进口中间品对中介变量的影响；式 5.6 考察在控制中介变量后进口中间品对企业创新的影响。

#### 5.5.2.1 进口中间品影响企业创新规模的机制分析

由于中间品进口金额的增加和种类的扩张均对企业创新规模具有显著正向作用，采用式 5.5 和式 5.6 构成的中介效应模型对其中的影响机制进行分析。

第一，参考许统生和方玉霞（2020）的做法，采用 OP 法估计的全要素生产率（*tfp*）作为中介变量度量技术溢出效应。表5.13的（A）报告了对式5.5和式5.6进行估计的相关结果。其中，列（1）和列（2）表明，中间品进口金额和中间品进口种类的估计系数均在1%的显著性水平上显著为正，中间品进口金额的增加和进口种类的扩张均显著提升了企业层面全要素生产率。列（3）显示，加入全要素生产率中介变量后，中间品进口金额的估计系数仍在1%的水平上显著，且估计系数值为0.008，与表5.4列（1）的估计系数值0.010相比存在一定程度的下降。说明中间品进口金额的增加通过技术溢出效应，推动了企业创新规模的扩大。列（4）中，在加入全要素生产率中介变量后，中间品进口种类的估计系数也在1%的水平上异于零，且系数值为0.026，与表5.4列（2）的估计系数值0.030相比存在一定程度的下降。说明技术溢出效应也是中间品进口种类增多得以促进企业创新规模扩大的重要原因。

第二，借鉴魏浩等（2017）的方法，基于赫芬达尔指数的构建方式，构建进口集中度指数度量技术互补效应。进口集中度指数的具体测算公式为

$$JZD_{ft} = \sum_m \sum_n (x_{fmnt}/X_{ft})^2 \qquad 5.7$$

式中，$JZD_{ft}$表示企业$f$在$t$年的中间品进口集中度指数；

$x_{fmnt}$为企业$f$在$t$年从$m$国（地区）进口中间产品$n$的金额；

$X_{ft}$表示企业$f$在$t$年的中间品进口总额。

由此可知，进口集中度指数越小，企业采购中间品的品种或中间品的来源国（地区）越分散，从进口中间品中获得的技术互补效应越显著。

表5.13的（B）报告了采用进口集中度指数作为中介变量对式5.5和式5.6进行估计的结果。列（5）和列（6）表明，中间品进口金额和中间品进口种类的估计系数均在1%的水平上显著为负，中间品进口金额增加和种类扩大都显著降低了企业进口中间品的进口集中度。在列（7）中加入进口集中度中介变量后，估计结果表明，中间品进口金额的估计系数仍然显著，系数值为0.009，与表5.4列（1）相比略微下降，说明中间品进口金额通过技术互补效应促进了企业创新规模的扩大。在列（8）中加入进口集中度中介变量后，估计结果显示，中间品进口种类的估计系数值为0.034，不存在明显下降。本实证结果不支持中间品进口种类增加带来的技术互补效应。

第三，采用企业研发投入的对数形式（lg*syrd*）度量研发激励效应。表5.13的（C）中的列（9）和列（10）表明，中间品进口金额和中间品进口种类的估计系数均在1%的水平上显著为正。这一结果表明，中间品的进口金额越高，进口种类越多，企业的研发投入规模越大。在列（11）和列（12）中控制研发投入中介变量后，中间品进口金额和中间品进口种类的估计系数值存在明显下降，中间品进口金额的估计系数值下降为0.004，中间品进口种类的估计系数值下降为0.010。这表明激励企业加大自主研发是进口中间品促进企业技术创新的重要原因。

总体而言，表5.13给出的机制分析结果表明，进口中间品通过技术溢出效应、技术互补效应和研发激励效应3个渠道促进了企业创新规模的扩大，并且研发激励效应和技术溢出效应是其中的主要影响渠道。

表5.13　进口中间品影响企业创新规模的机制分析

| （A）技术溢出效应 | | | | |
| --- | --- | --- | --- | --- |
| 项目 | （1） | （2） | （3） | （4） |
| | *tfp* | | 创新规模 | |
| 中间品进口金额 | 0.054*** （0.001） | — | 0.008*** （0.001） | — |
| 中间品进口种类 | — | 0.103*** （0.003） | — | 0.026*** （0.002） |
| *tfp* | — | — | 0.035*** （0.002） | 0.035*** （0.002） |
| 观测值 | 321 688 | 321 688 | 279 450 | 279 450 |
| R 平方 | 0.141 | 0.134 | 0.068 | 0.069 |
| （B）技术互补效应 | | | | |
| 项目 | （5） | （6） | （7） | （8） |
| | *JZD* | | 创新规模 | |
| 中间品进口金额 | −0.043*** （0.000） | — | 0.009*** （0.001） | — |
| 中间品进口种类 | — | −0.228*** （0.001） | — | 0.034*** （0.003） |

续　表

| （B）技术互补效应 | | | | |
|---|---|---|---|---|
| 项目 | （5） | （6） | （7） | （8） |
| | **JZD** | | 创新规模 | |
| JZD | — | — | −0.021*** <br> （0.005） | 0.021*** <br> （0.006） |
| 观测值 | 334 002 | 334 002 | 290 347 | 290 347 |
| R 平方 | 0.108 | 0.416 | 0.064 | 0.064 |

| （C）研发激励效应 | | | | |
|---|---|---|---|---|
| 项目 | （9） | （10） | （11） | （12） |
| | **lgsyrd** | | 创新规模 | |
| 中间品进口金额 | 0.028*** <br> （0.006） | — | 0.004*** <br> （0.001） | — |
| 中间品进口种类 | — | 0.059*** <br> （0.014） | — | 0.010*** <br> （0.002） |
| lgsyrd | — | — | 0.009*** <br> （0.001） | 0.009*** <br> （0.001） |
| 观测值 | 121 240 | 121 240 | 111 358 | 111 358 |
| R 平方 | 0.026 | 0.026 | 0.028 | 0.028 |

注：括号中的数值为聚类标准误；***、**、* 分别为 1%、5%、10% 的显著性水平；所有回归均加入控制变量、企业和年份效应。

### 5.5.2.2 中间品进口种类影响企业创新质量的机制分析

前文分析表明，中间品进口种类多样化对企业创新质量也具有积极促进作用。为进一步探究其中的作用渠道，本章仍采用式 5.5 和式 5.6 构成的中介效应模型对其中的影响机制进行分析[①]，表 5.14 给出了创新质量作为被解释变量相关的估计结果。

---

[①] 本书并未分析中间品进口规模影响企业创新质量的中介机制。原因在于，根据前文研究，中间品进口规模对企业创新质量的影响并不显著。当主效应不显著时，是否可以进行中介效应分析仍存争议。巴伦和肯尼认为，主效应显著是中介效应分析的前提（Baron and Kenny，1986）；温忠麟和叶宝娟（2014）则指出，即便主效应不显著也可开展广义中介分析。为避免混淆，本书采纳巴伦和肯尼（1986）的观点，对中间品进口规模影响企业创新质量的中介机制不做讨论。

第一，技术溢出效应。与前文类似，仍采用全要素生产率（*tfp*）作为中介变量度量技术溢出效应。列（1）的回归结果表明，中间品进口种类的回归系数显著为正，表明中间品进口种类增多显著提升了企业层面全要素生产率；列（2）显示，加入全要素生产率（*tfp*）中介变量后，中间品进口种类的估计系数在1%的水平上显著，且估计系数值为0.008，与表5.4列（4）的估计系数值0.010相比，有小幅下降。由此可见，技术溢出效应是中间品进口种类增多得以促进企业创新质量提升的原因之一。

第二，技术互补效应。与前文类似，采用进口集中度指数（*JZD*）度量技术互补效应。列（3）结果表明，中间品进口种类的估计系数显著为负，意味着中间品进口种类的增加显著降低了企业进口中间品的进口集中度。在列（4）中加入进口集中度中介变量后，中间品进口金额的估计系数仍然显著，且系数值与表5.4列（4）相比略微下降。这表明，中间品进口种类的增多通过技术互补效应促进了企业创新质量提升。

第三，研发激励效应。同样地，本书采用企业研发投入的对数形式（1g*syrd*）度量研发激励效应。列（5）结果显示，中间品进口种类的估计系数在1%的水平上显著为正，中间品进口种类与企业研发呈显著正相关关系。列（6）在控制研发投入中介变量后，中间品进口种类的估计系数值下降为0，且在统计上变得不再显著；此时，研发投入的估计系数显著为正。这意味着，研发激励效应具有完全中介作用，激励企业加大自主研发是中间品进口种类多样化促进企业创新质量提升的重要渠道。

表5.14　中间品进口种类影响企业创新质量的机制分析

| 项目 | 技术溢出效应 | | 技术互补效应 | | 研发激励效应 | |
|---|---|---|---|---|---|---|
| | （1） | （2） | （3） | （4） | （5） | （6） |
| | *tfp* | 创新质量 | *JZD* | 创新质量 | lg*syrd* | 创新质量 |
| 中间品进口种类 | 0.103*** (0.003) | 0.008** (0.004) | −0.228*** (0.001) | 0.008* (0.005) | 0.059*** (0.014) | 0.000 (0.010) |
| *tfp* | — | 0.014*** (0.004) | — | — | — | — |

续　表

| 项目 | 技术溢出效应 | | 技术互补效应 | | 研发激励效应 | |
|---|---|---|---|---|---|---|
| | （1） | （2） | （3） | （4） | （5） | （6） |
| | *tfp* | 创新质量 | *JZD* | 创新质量 | *lgsyrd* | 创新质量 |
| *JZD* | — | — | — | −0.006<br>（0.014） | — | — |
| *lgsyrd* | — | — | — | — | — | 0.004**<br>（0.002） |
| 控制变量 | 是 | 是 | 是 | 是 | 是 | 是 |
| 企业效应 | 是 | 是 | 是 | 是 | 是 | 是 |
| 年份效应 | 是 | 是 | 是 | 是 | 是 | 是 |
| 观测值 | 321 688 | 26 204 | 334 002 | 27 490 | 121 240 | 5 649 |
| R 平方 | 0.134 | 0.020 | 0.416 | 0.019 | 0.026 | 0.051 |

注：括号中的数值为聚类标准误；***、**、*分别为1%、5%、10%的显著性水平。

## 5.6　本章小结

在中国持续推进高水平对外开放的背景下，充分利用国际资源提升技术创新水平，对于推动经济高质量发展具有重要意义。本章基于中国加入WTO后进口中间品大幅增加的历史背景，采用2000—2015年中国工业企业库数据、海关统计库数据和企业专利数据的匹配数据，考察了中间品贸易自由化对企业进口中间品的影响，从中间品进口金额和中间品进口种类两个角度，全面剖析中间品进口对微观企业技术创新的影响；为考察估计结果的稳健性，本章构建了企业中间品进口关税作为进口中间品的工具变量，以缓解可能的内生性问题。为进一步考察外在因素对中间品进口与企业技术创新之间关系的影响，引入技术吸收能力作为调节变量，以考察企业技术吸收能力对中间品进口与企业技术创新的调节作用；并基于中介效应模型，从中间品进口金额和中间品进口种类两个方面，探讨中间品进口对企业技术创新影响的作用机制。通过实证分析，本章得出以下结论：

第一，中间品贸易自由化显著推动了微观企业的中间品进口。本章采用行业中间品进口关税测度中间品贸易自由化程度，并发现中间品贸易自由化不仅显著促进了企业进口中间品金额的增加，而且推动了企业进口中间品种类的增多。

第二，从创新规模看，中间品进口从数量和种类两个维度促进了企业创新规模的扩大。平均而言，企业的中间品进口金额每增加10%会使发明专利申请数量显著提高0.1%；而企业的中间品进口种类每增加10%会促使企业的发明专利申请数量提高0.3%。在采用中间品进口关税作为工具变量缓解内生性问题后，这一结论仍然成立。细分中间品类型的研究表明，初级产品、半成品、零部件和资本品的进口金额的增加与进口种类的扩张均有助于企业技术创新规模的扩大，且企业的贸易方式、所处地域与所属行业技术水平都是影响进口中间品作用于企业创新规模的重要因素。进一步研究显示，企业技术吸收能力越高，中间品进口数量的增加对企业创新规模的促进作用越大。机制分析表明，进口中间品主要通过技术溢出效应和研发激励效应促进企业创新规模的扩大。

第三，从创新质量看，中间品进口仅从"种类"维度促进了企业创新质量的提升，中间品进口种类每增加10%，企业的发明专利质量平均提升0.001个单位。采用中间品进口关税作为工具变量进行二阶段最小二乘回归的结果表明，在控制可能存在的内生性后，中间品进口数量的增加和中间品进口种类的扩张对企业创新质量的提升不存在显著正向影响。区分中间品类别的回归结果表明，仅有进口半成品显著提升了企业创新质量，初级产品、零部件和资本品的进口对企业创新质量的提升无显著影响。异质性分析表明，中间品进口种类对创新质量的促进作用仅存在于一般贸易企业、东部地区企业和高技术行业企业。并且中间品进口种类对企业技术创新的作用不受企业技术吸收能力的影响。此外，中间品进口种类对企业创新质量的促进作用表现为技术外溢效应、技术互补效应和研发激励效应，且研发激励效应是最为主要的传导机制。

上述结论意味着，中间品进口在提升制造业技术创新水平方面发挥着重要作用，并对不同类型的企业存在差异化影响。贸易开放有利于海外高质量中间品的流入，并促进企业技术水平提升。扩大国际技术领先的高端中间品的进口规模，丰富中间品进口品种，有利于我国企业技术创新的"量"与"质"的提升。

值得注意的是，进口中间品对创新质量的提升更多地依赖于进口种类而不是数量。在经济高质量发展背景下，一方面应通过丰富中间品进口种类、优化中间品进口结构等，积极发挥中间品进口种类对一般贸易企业、东部地区企业和高技术行业企业的创新质量提升作用；另一方面应充分发挥中间品进口种类对企业自主研发的激励效应，在推动跨境贸易便利化水平提升的同时，积极引导企业增加中间品的进口种类，同时配套相应财税激励政策，推动企业加大自主研发力度。

# 6 出口贸易自由化对企业技术创新的影响分析

# 6.1　引言

改革开放后，中国的货物出口额从 1978 年的 167.7 亿元攀升至 2001 年的 2.2 万亿元；2009 年，货物出口额进一步增长至 8.2 万亿元，占全球出口总额的比重达 9.6%，中国首次成为世界最大的货物出口国；2015 年，中国货物出口额扩张至 14.1 万亿元，占全球出口总额的比重上升至 13.8%。此后，我国货物出口贸易保持稳定增长态势，2023 年出口额增长至 23.77 万亿元，是 2001 年的 10.8 倍。改革开放初期的出口导向型发展战略为中国的经济增长作出了巨大贡献，并引发学界对于"出口导向型经济增长"的热烈讨论（沈程翔，1999；李文瑛，2008）。在创新型国家建设背景下，值得思考的是，外贸出口是否促进了本土企业的技术创新呢？出口对企业创新规模和创新质量的影响存在哪些差异？出口对不同行业企业和不同类型企业的创新影响是否存在不同？又有哪些因素会影响出口创新效应呢？本章依次采用 OLS 估计方法和 PSM-DID 方法展开深入探索。

自 2015 年以来，世界经济走势低迷，全球贸易保护主义此起彼伏，我国外贸发展面临的形势十分复杂。在此背景下，我国陆续出台了诸多稳定外贸发展的政策文件。2016 年，国务院发布了《关于促进外贸回稳向好的若干意见》，提出充分发挥出口信用保险作用、大力支持外贸企业融资、进一步提高贸易便利化水平、调整完善出口退税政策等意见；2020 年，国务院办公厅出台了《关于进一步做好稳外贸稳外资工作的意见》，提出更好地发挥出口信用保险作用、支持有条件的地方复制或扩大"信保+担保"的融资模式、支持贸易新业态发展等。2023 年，国务院办公厅出台了《关于推动外贸稳规模优结构的意见》，指出推动外贸稳规模优结构对稳增长稳就业、构建新发展格局、推动高质量发展具有重要支撑作用，并提出强化贸易促进拓展市场、稳定和扩大重点产品进出口规模、加快对外贸易创新发展、优化外贸发展环境等意见。这一系列文件的出台，表明外贸出口在我国经济发展中一直占有极其重要的地位。明晰出口贸易自由化对中国制造业企业技术创新的作用机制，可以为决策层优化出口贸易政策和完善创新驱动发展战略提供一定的借鉴。

## 6.2　出口贸易自由化与企业出口

### 6.2.1　模型设定、指标说明及数据来源

在探究出口与创新两者关系之前，本章先考察出口贸易自由化对企业出口活动的影响。参考相关文献，设定如下多元线性回归模型：

$$exp_{fit}=\beta_0+\beta_{13}ExpTariff_{fit}+S_{fit}'\gamma+\theta_f+\lambda_t+\mu_{fit} \qquad 6.1$$

式中，下标 $f$、$i$、$t$ 分别表示企业、行业和年份；

被解释变量 $exp$ 为企业出口强度；

核心解释变量 $ExpTariff$ 为企业层面出口加权关税，以衡量出口贸易自由化程度；

$S_{fit}'$ 为可能影响企业出口活动的控制变量集合，具体包括企业年龄、企业经营规模、民营企业和外资企业虚拟变量；

$\theta_f$、$\lambda_t$ 和 $\mu_{fit}$ 分别为企业固定效应、年份固定效应和随机扰动项。

对于核心解释变量企业出口加权关税，参照高云舒等（2021）的方法进行计算，具体计算公式如下：

$$ExpTariff_{ft}=\sum_m\sum_c\left(\frac{ExpValue_{fmct}}{ExpValue_{ft}}\times Tariff_{mct}\right) \qquad 6.2$$

式中，$ExpTariff_{ft}$ 表示企业 $f$ 在 $t$ 年的出口加权关税；

$ExpValue_{fmct}$ 为企业 $f$ 通过一般贸易方式在 $t$ 年向 $m$ 国（地区）出口产品 $c$ 的出口金额；

$ExpValue_{ft}$ 为企业 $f$ 通过一般贸易方式在 $t$ 年出口的总金额；

$Tariff_{mct}$ 表示 $m$ 国（地区）$t$ 年度产品 $c$ 的进口关税税率，由此可知，若企业出口加权关税的数值越小，则企业面临的出口贸易自由化程度越高。

本章采用2002—2015年中国制造业企业数据作为研究样本，使用的企业生产数据和出口数据均源于中国工业企业数据库，贸易伙伴国的产品进口

关税数据仍与前文类似源于世界银行WITS数据库和WTO关税数据库。此外，由于加入WTO后中国的出口产品得以享受大部分国家（或地区）的最惠国关税待遇，为使数据统计口径保持一致，本章仅整理了贸易伙伴国2002—2015年的最惠国关税税率，并基于此计算企业出口加权关税。

### 6.2.2　实证结果分析

表6.1报告了对式6.1进行估计的相关结果。列（1）仅控制企业和年份效应的简单估计结果表明，核心解释变量$ExpTariff$的估计系数在5%的水平上显著不为零，随着出口关税的下降，企业的出口强度显著升高。在纳入企业控制变量后，列（2）结果显示，核心解释变量的估计系数的符号和数值均保持不变，表明出口贸易自由化对企业出口的促进作用十分稳健。

表6.1　出口贸易自由化对企业出口的影响

| 项目 | （1） | （2） |
| --- | --- | --- |
| $ExpTariff$ | −0.018$^{**}$<br>（0.009） | −0.019$^{**}$<br>（0.009） |
| lg$age$ | — | 0.036$^{***}$<br>（0.002） |
| lg$labor$ | — | −0.011$^{***}$<br>（0.001） |
| $myqy$ | — | −0.003<br>（0.006） |
| $wzqy$ | — | 0.025$^{***}$<br>（0.008） |
| 企业效应 | 是 | 是 |
| 年份效应 | 是 | 是 |
| 企业个数 | 134 178 | 134 178 |
| 观测值 | 595 933 | 595 933 |
| R 平方 | 0.161 | 0.162 |

注：括号中的数值为聚类标准误；***、**、*分别为1%、5%、10%的显著性水平。

# 6.3 出口对企业技术创新的影响：OLS估计

## 6.3.1 模型设定及数据来源

为研究出口贸易自由化推动的企业出口对技术创新的影响，参考相关文献，设定如下多元线性回归模型：

$$Inno_{fit}=\beta_0+\beta_{14}exp_{fit-1}+X_{fit-1}'\gamma+Z_{it-1}'\delta+\theta_f+\lambda_t+\mu_{fit} \tag{6.3}$$

式中，下标 $f$、$i$、$t$ 分别表示企业、行业和年份；

$exp$ 为企业出口强度，采用企业出口交货值与销售收入之比度量；

$Inno$ 为企业技术创新，具体包括创新规模（$Inno\_no$）和创新质量（$Inno\_qua$）两个度量指标。

$X_{fit-1}'$ 为企业层面控制变量，具体包括企业年龄、企业经营规模、民营企业和外资企业虚拟变量、资本劳动比、政府补贴；

$Z_{it-1}'$ 为行业层面控制变量，具体包括行业内企业数量、行业赫芬达尔指数和行业平均固定资产。

为缓解内生性问题，对核心解释变量和所有控制变量均作滞后一期处理。

本章采用1998—2015年中国制造业企业数据作为研究样本，企业的生产数据和出口数据源于中国工业企业数据库。参考戴觅和余淼杰（2012）的界定方法，对所有样本企业的出口和创新状态进行考查并分类，表6.2计算了各类出口企业、未出口企业和创新企业在总体样本中的占比。

**表6.2　各类企业占所有样本的比重**

单位：%

| 指标 | 年平均（2000—2015年） |
| --- | --- |
| 出口企业样本份额 | 38 |
| 其中：新出口企业样本份额 | 13 |
| 已出口企业样本份额 | 21 |
| 未出口企业样本份额 | 62 |
| 创新企业样本份额 | 3 |

注：参考戴觅和余淼杰（2012），出口企业是指在任一年份存在过出口的企业。未出口企业是指在所有年份均未出口的企业。

整体来看，1998—2015年，在所有年份均未出口的企业大约为总样本数的62%，在任一年份存在过出口的企业大约占38%。细分出口企业样本后发现，新出口企业和已出口企业分别占全部企业样本的13%和21%。从企业的创新活动看，每年存在发明专利申请活动的企业大约占3%。

### 6.3.2 特征事实

本章对样本期间出口企业和非出口企业的创新活动进行特征事实分析。由于研究样本中存在大量企业未开展创新活动，且非创新企业中非出口企业的数量远高于出口企业，为便于对比，本章仅对存在创新活动的非出口企业和出口企业进行分析。

图6.1比较了1998—2015年出口创新企业和非出口创新企业的平均专利申请量和平均发明专利申请量。从图6.1可以清楚看到：①在所有从事专利申请活动的样本企业中，出口创新企业的平均专利申请量远高于非出口创新企业。并且出口创新企业与非出口创新企业的平均专利申请量差距在2002年以后呈逐渐扩大的趋势，平均专利申请量差距从2002年的3.30增长至2007年的8.09；2008年以后该差距值又逐渐缩小，但仍远高于加入WTO之前的水平。②在所有存在发明专利申请活动的创新企业中，出口创新企业的平均发明专利申请量在任一年度均超过了非出口创新企业。并且出口创新企业与非出口创新企业的平均发明专利申请量的差值在2002—2007年均处于相对较高的水平；2008年以后该差值逐渐回落，但仍高于加入WTO之前的水平。据此笔者推测，出口与企业的创新活动存在强相关关系。

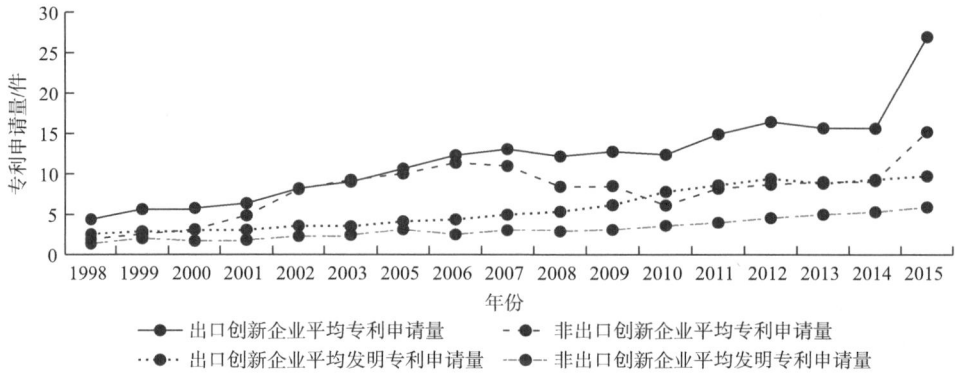

**图6.1    出口和非出口创新企业的平均专利与发明专利申请量**

图片来源：根据中国工业企业库相关数据绘制而成。

### 6.3.3  估计结果与分析

为考察企业出口对技术创新的影响，采用OLS方法对式6.3进行估计，结果如表6.3所示。

对于创新规模，表6.3列（1）～列（3）为出口强度对企业创新规模影响的回归结果。列（1）中，当仅在回归中纳入企业和年份效应时，出口强度的估计系数在1%的水平上显著为正；在列（2）中加入企业年龄（lgage）、企业经营规模（lglabor）等企业层面控制变量，出口强度的估计系数的显著性水平和符号均不变；在列（3）中进一步加入行业内企业数量、行业赫芬达尔指数和行业平均固定资产等行业层面控制变量后，结果仍然不变。这说明，出口强度的提高显著促进了企业创新规模的扩大。列（3）结果表明，出口强度每上升1%，专利数量平均提升0.027%。

对于创新质量，表6.3列（4）～列（6）给出了出口影响企业创新质量的估计结果。其中，列（4）为仅控制企业和年份固定效应的回归结果，出口强度的估计系数在5%的水平上显著为负，表明出口对企业创新质量存在显著抑制作用。在列（5）和列（6）中，依次增加企业层面和行业层面控制变量后，出口强度的估计系数在统计意义上变得不显著。由此可见，出口对企业创新质量的阻碍作用并不稳健。

表6.3　出口影响企业技术创新的OLS估计结果

| 项目 | （1） | （2） | （3） | （4） | （5） | （6） |
|---|---|---|---|---|---|---|
| | 创新规模 | | | 创新质量 | | |
| *exp* | 0.007*** (0.001) | 0.027*** (0.003) | 0.027*** (0.003) | −0.012** (0.006) | −0.007 (0.017) | −0.007 (0.017) |
| *lgage* | — | −0.036*** (0.002) | −0.036*** (0.002) | — | 0.005 (0.007) | 0.005 (0.007) |
| *lglabor* | — | 0.037*** (0.002) | 0.037*** (0.002) | — | −0.006 (0.005) | −0.005 (0.005) |
| *myqy* | — | 0.105*** (0.013) | 0.105*** (0.013) | — | 0.009 (0.019) | 0.009 (0.019) |
| *wzqy* | — | 0.067*** (0.015) | 0.067*** (0.015) | — | 0.034 (0.023) | 0.034 (0.023) |
| *lgkl* | — | 0.036*** (0.001) | 0.036*** (0.001) | — | −0.008* (0.004) | −0.007* (0.004) |
| *lgbt* | — | 0.005*** (0.000) | 0.005*** (0.000) | — | 0.001 (0.001) | 0.001 (0.001) |
| *lgfirmno* | — | — | 0.008*** (0.002) | — | — | −0.006 (0.006) |
| *HHI* | — | — | −0.052** (0.020) | — | — | 0.048 (0.046) |
| *lgfa* | — | — | −0.005* (0.003) | — | — | −0.006 (0.008) |
| 企业效应 | 是 | 是 | 是 | 是 | 是 | 是 |
| 年份效应 | 是 | 是 | 是 | 是 | 是 | 是 |
| 企业个数 | 174 303 | 164 356 | 164 356 | 20 471 | 17 049 | 17 049 |
| 观测值 | 695 041 | 565 483 | 565 483 | 45 129 | 32 642 | 32 642 |
| R平方 | 0.036 | 0.053 | 0.053 | 0.031 | 0.038 | 0.038 |

注：括号中的数值为聚类标准误；***、**、*分别为1%、5%、10%的显著性水平。

## 6.4 出口对企业技术创新的影响：PSM–DID法估计

### 6.4.1 经验研究策略

异质性企业贸易理论研究表明，与中低生产率企业相比，高生产率企业往往更倾向于参与出口或出口更多。这一观点也得到众多学者的经验验证（Melitz，2003；Alvarez and López，2005）。由于高生产率企业通常拥有更高的研发投入和技术水平，产品的生产质量也相应更高，因此企业开拓海外市场更为容易。这意味着，出口与企业技术创新之间可能存在反向因果关系，采用OLS估计可能产生选择性偏误问题，并导致估计结果的不一致。为此，笔者借鉴德·洛克（2007）、李兵等（2016）、李贲和吴利华（2018）等的做法，采用PSM-DID方法再次检验出口对企业技术创新的影响。

PSM-DID方法是统计学中一种解决内生性问题的前沿方法。该方法基于反事实推断模型的理论框架。核心思想源于随机控制实验。随机控制实验通过将实验样本随机划分为处理组和控制组。处理组服用真药，控制组服用安慰药，从而得到服药的平均处理效应为

$$TE = E\,(y|X{=}1) - E\,(y|X{=}0) \tag{6.4}$$

式中，$TE$为服药的平均处理效应；

$E\,(y|X{=}1)$为服用真药时结果变量$y$的期望值；

$E\,(y|X{=}0)$为服用安慰药时结果变量$y$的期望值。

两者之差反映了服药对结果变量$y$的实际影响。

然而，在实际经济系统中，处理组和控制组的分组往往不是随机的，并引发内生性问题。此时可以采用PSM法匹配处理组和控制组。先借鉴德·洛克和鲁宾（Rubin）（1983）的方法，采用分类评定模型（Logit模型）或多元概率比回归模型（Probit模型）计算每个企业进入处理组的倾向得分值，从而将样本个体的多维特征压缩到单个可比较的维度；然后使用近邻匹配、卡尺匹配或卡尺内最近邻匹配等方法，为每个处理组匹配1个或多个控制组个体，使处理组和控制组在各方面的特征差异尽可能保持一致（郭申阳和弗雷泽，2012）；最后对于匹配后的样本合集，采用DID方法估计处理

效应。

参考上述方法，本章首先采用PSM方法筛选出需要进行研究的处理组企业（新出口企业）和控制组企业（非出口企业），再利用卡尺内最近邻匹配方法进行匹配，最后采用DID方法估计企业进入出口市场对技术创新的影响。具体过程如下：

第一，筛选处理组和控制组。参照戴觅和余淼杰（2012）的做法，处理组（新出口企业）的选取标准为①企业首次出现在样本中为不出口；②企业首次出口的年份晚于进入样本的年份；③企业在样本期间内有两个或两个以上年份存在出口，即剔除在样本期间内仅有一个年份存在出口的企业样本。同时，控制组的选取标准为研究期间从未出口的企业。

第二，基于倾向得分值进行匹配。在具体出口实践中，企业参与出口可视为一个渐进的过程，不能采取在某个年份"一刀切"的处理方法进行DID分析。故而借鉴陈钊和熊瑞祥（2015）的做法，采取"渐进式"的DID方法进行分析，基于企业的出口概率逐年匹配处理组和控制组。对于任一年份，将当年首次出口的企业作为处理组，在所有控制组中进行筛选；再采用卡尺内最近邻匹配有放回抽样的匹配方法，将企业样本按照新进入出口市场的年份逐年进行匹配。然而，值得注意的是，卡尺大小会在一定程度影响匹配个体的选取和估计的结果。罗森鲍姆（Rosenbaum）和鲁宾（1985）的研究指出，可以将样本估计的倾向得分标准差的0.25倍设为卡尺大小。本章采用这一标准，将卡尺大小设定为0.01；同时，参考Abadie等（2004）的研究，将k取值为4。在匹配过程中，将企业是否出口作为因变量，采用企业在出口前一年的特征作为协变量，采用如式6.5所示的Probit模型估计倾向得分值。

$$P\{start_{f,t}=1\}=\Psi\{h\ (X_{f,t-1})\ \} \qquad 6.5$$

式中，$P\{start_{f,t}=1\}$ 表示企业 $f$ 在 $t$ 期是否开始出口的倾向；

$\Psi\{\cdot\}$ 为正态分布的累积分布函数；

协变量 $X_{f,t-1}$ 为匹配过程中选取的影响企业出口的企业前一年的各种企业特征。参考李兵等（2016）的做法，此处的协变量 $X_{f,t-1}$ 包括全要素生产率、企业年龄、企业规模、企业资本劳动比、企业财务状况、民营企业和外资企业虚拟变量、地区虚拟变量、三位数行业虚拟变量等。其中，企业财务状况为企业负债与总资产的比值。

第三，采用双重差分法估计出口对企业技术创新的影响。通过PSM方法筛选确定控制组样本后，使用匹配好的控制组和处理组样本集合进行DID估计。参考李贲和吴利华（2018）的做法，构建如下DID模型：

$$Inno_{fipt+s}=\beta_0+\beta_{15}T_{fipt}+\beta_{16}Treat_{fipt}+\beta_{17}Treat_{fipt}\times T_{fipt}+X_{fipt}'\gamma+\sigma_i+\pi_p+\lambda_t+\mu_{fipt} \qquad 6.6$$

式中，下标$f$、$i$、$p$、$t$分别代表企业、三位数行业、省份和年份。

$t+s$表示$t$年后的第$s$期；$s$取值为$1\sim3$，由于企业从创新活动的开始到发明发利的申请需要一个较长的时间周期，不考虑企业出口对当期（当年）的发明专利申请活动的影响。

$Inno$为企业技术创新。

$T$为年份虚拟变量，对于每一年份的处理组（新出口企业）及匹配的控制组（未出口企业），当前年份之前取值为0，否则取值为1。

$Treat$为描述企业是否出口的虚拟变量，所有处理组样本取值为1，控制组样本取值为0。

$X'$为企业特征变量，具体包括生产率、年龄、年龄的平方、规模、资本劳动比、财务状况、民营企业和外资企业虚拟变量。

$\sigma_i$、$\pi_p$和$\lambda_t$分别为三位数行业固定效应、省份固定效应和年份固定效应。

$\mu_{fipt}$为误差项。

式6.6是评估企业进入出口市场后的"出口效应"的基准模型。其中，$Treat$的估计系数$\beta_{16}$反映了处理组和控制组企业的自身差异形成的"分组效应"；$T$的估计系数$\beta_{15}$反映了企业随着时间惯性而出现的"时间效应"；交互项$Treat\times T$是核心解释变量，其估计系数$\beta_{17}$度量了出口市场进入对处理组和控制组企业的创新活动变化的影响，反映了企业开始出口后的"出口创新"效应，即出口对企业技术创新的影响。

### 6.4.2 数据来源

与前文类似，企业基础数据及财务数据源于中国工业企业库，企业专利数据从佰腾网整理得来。由于工业企业库和海关统计库均报告了企业的出口，在定义处理组时，采用工业企业库中的出口数据进行基准回归，并采用海关统计库的出口数据进行稳健性检验。

对于未进行匹配的原始企业样本，如表6.4所示，新出口企业的生产率、年龄、规模、资本劳动比、财务状况的均值都高于非出口企业，且存在显著差异。这表明新出口企业具有区别于非出口企业的特征，高生产率、越年长、大规模、资本密集型且高负债的企业更易从事出口业务，符合理论预期。同时，新出口企业样本和非出口企业样本中民营企业和外资企业的占比也存在显著差异。参考李兵等（2016）等相关文献的做法，在倾向得分匹配过程中选择上述变量作为匹配的协变量。

表6.4 匹配前主要企业特征变量的统计分析

| 变量 | 新出口企业样本 | | | 非出口企业样本 | | | 两组均值差 |
|---|---|---|---|---|---|---|---|
| | 观测值 | 均值 | 标准差 | 观测值 | 均值 | 标准差 | |
| 生产率 | 493 619 | 5.894 | 1.133 | 2 257 975 | 5.729 | 1.212 | 0.165*** |
| 年龄 | 493 619 | 2.096 | 0.699 | 2 257 975 | 1.970 | 0.810 | 0.126*** |
| 规模 | 493 619 | 5.279 | 1.091 | 2 257 975 | 4.775 | 1.031 | 0.504*** |
| 资本劳动比 | 493 619 | 3.777 | 1.433 | 2 257 975 | 3.760 | 1.402 | 0.017*** |
| 财务状况 | 493 619 | 0.591 | 0.348 | 2 257 975 | 0.575 | 0.356 | 0.016*** |
| 民营企业 | 493 619 | 0.612 | 0.487 | 2 257 975 | 0.867 | 0.340 | −0.255*** |
| 外资企业 | 493 619 | 0.365 | 0.481 | 2 257 975 | 0.081 | 0.272 | 0.284*** |

注：作者根据有关数据整理得来；***代表1%的显著性水平。

### 6.4.3 估计结果与分析

#### 6.4.3.1 样本匹配情况

为了直观了解样本的匹配情况，参考李贲和吴利华（2018）的做法，笔者对每个年份匹配前后处理组和控制组倾向得分值的核密度分布情况进行了考察，并进行了共同取值检验和匹配平衡性检验。以1999年为例，从图6.2可以看出，匹配前，处理组和控制组样本的倾向得分值存在重合，可以在共同取值范围内对处理组个体进行匹配；匹配后，处理组和控制组样本的核密度分布趋于一致，匹配效果较为理想。

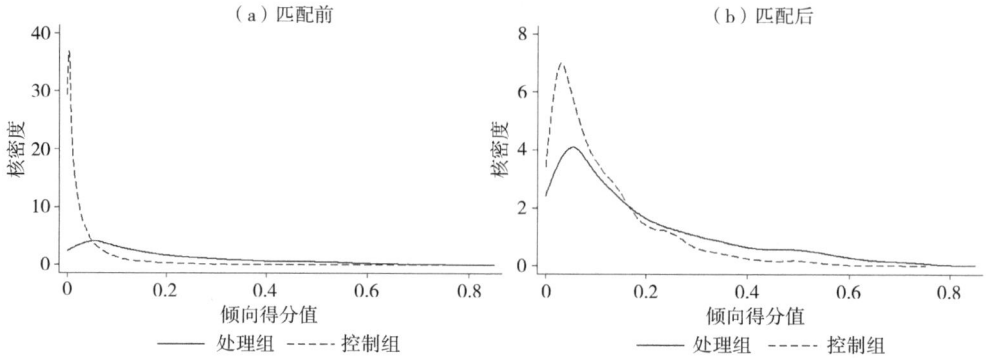

图6.2　1999年匹配前后处理组和控制组倾向得分值的核密度分布

通过进一步对匹配前后处理组和控制组样本的特征变量进行平衡性检验，发现匹配后处理组和控制组的特征差异显著缩小，两组所有特征变量的均值均不存在显著差异。以1999年为例，如表6.5所示，匹配前，两组样本的特征变量均存在显著差异，外资企业虚拟变量的标准偏差最大，达74.2%；匹配后，两组样本的所有特征变量均值差异的显著性消失，平衡性假设得到满足。

表6.5　1999年匹配后特征变量的平衡性检验分析

| 变量 | 匹配前/匹配后 | 均值 | | 标准偏差（%） | 标准偏差减小幅度（%） | t检验 | |
|---|---|---|---|---|---|---|---|
| | | 处理组 | 控制组 | | | t统计量 | p值 |
| 生产率 | 匹配前 | 5.268 | 4.944 | 28.1 | 95.7 | 13.20 | 0.000 |
| | 匹配后 | 5.267 | 5.281 | -1.2 | | -0.42 | 0.671 |
| 年龄 | 匹配前 | 2.048 | 2.370 | -28.8 | 96.3 | -13.98 | 0.000 |
| | 匹配后 | 2.050 | 2.062 | -1.1 | | -0.39 | 0.697 |
| 规模 | 匹配前 | 5.305 | 5.031 | 24.5 | 91.9 | 12.44 | 0.000 |
| | 匹配后 | 5.293 | 5.315 | -2.0 | | -0.69 | 0.492 |
| 资本劳动比 | 匹配前 | 3.492 | 3.381 | 9.0 | 51.2 | 4.63 | 0.000 |
| | 匹配后 | 3.493 | 3.548 | -4.4 | | -1.45 | 0.146 |
| 财务状况 | 匹配前 | 0.599 | 0.666 | -22.9 | 87.8 | -10.31 | 0.000 |
| | 匹配后 | 0.600 | 0.608 | -2.8 | | -1.04 | 0.298 |

续　表

| 变量 | 匹配前/匹配后 | 均值 | | 标准偏差（%） | 标准偏差减小幅度（%） | t检验 | |
|------|------|------|------|------|------|------|------|
| | | 处理组 | 控制组 | | | t统计量 | p值 |
| 民营企业 | 匹配前 | 0.512 | 0.672 | −33.1 | 96.6 | −16.39 | 0.000 |
| | 匹配后 | 0.515 | 0.509 | 1.1 | | 0.38 | 0.702 |
| 外资企业 | 匹配前 | 0.374 | 0.082 | 74.2 | 99.3 | 48.87 | 0.000 |
| | 匹配后 | 0.370 | 0.372 | −0.6 | | −0.16 | 0.875 |

注：表中企业特征变量的相关统计数据为出口企业进入出口市场前一年（1998年）的数据。

先经逐年匹配，再将所有年份数据合并，最终获得446 181个处理组企业样本和761 375个控制组企业样本。

#### 6.4.3.2 基准估计结果分析

采用PSM-DID方法分别估计出口参与对企业创新规模和创新质量的影响，表6.6报告了相关回归结果。

表6.6　出口对企业技术创新影响的PSM-DID估计结果

| 变量 | （1） | （2） | （3） | （4） | （5） | （6） |
|------|------|------|------|------|------|------|
| | 后一期 | 后两期 | 后三期 | 后一期 | 后两期 | 后三期 |
| | 专利数量 | | | 专利质量 | | |
| $Treat$ | 0.025*** (0.001) | 0.033*** (0.002) | 0.042*** (0.002) | 0.011 (0.007) | 0.004 (0.006) | 0.012* (0.006) |
| $T$ | −0.014*** (0.001) | −0.017*** (0.001) | −0.018*** (0.001) | −0.006 (0.006) | −0.008 (0.005) | −0.003 (0.005) |
| $Treat \times T$ | 0.024*** (0.002) | 0.019*** (0.002) | 0.013*** (0.003) | −0.001 (0.007) | 0.006 (0.007) | −0.003 (0.007) |
| 生产率 | 0.022*** (0.001) | 0.024*** (0.001) | 0.025*** (0.001) | 0.011*** (0.002) | 0.012*** (0.002) | 0.012*** (0.002) |
| 年龄 | −0.014*** (0.002) | −0.011*** (0.002) | −0.009*** (0.003) | 0.005 (0.009) | 0.011 (0.009) | −0.002 (0.009) |
| 年龄的平方 | 0.003*** (0.001) | 0.002*** (0.001) | 0.002** (0.001) | −0.003 (0.002) | −0.005** (0.002) | −0.001 (0.002) |

| 变量 | （1）后一期 | （2）后两期 | （3）后三期 | （4）后一期 | （5）后两期 | （6）后三期 |
|---|---|---|---|---|---|---|
| | 专利数量 | | | 专利质量 | | |
| 规模 | 0.041***（0.001） | 0.045***（0.001） | 0.050***（0.001） | 0.022***（0.002） | 0.022***（0.002） | 0.021***（0.002） |
| 资本劳动比 | 0.024***（0.001） | 0.024***（0.001） | 0.024***（0.001） | 0.014***（0.001） | 0.013***（0.001） | 0.012***（0.001） |
| 财务状况 | -0.019***（0.002） | -0.019***（0.002） | -0.019***（0.002） | -0.027***（0.006） | -0.018***（0.006） | -0.013**（0.006） |
| 民营企业 | 0.016***（0.004） | 0.014***（0.004） | 0.016***（0.005） | 0.001（0.010） | -0.007（0.010） | -0.003（0.010） |
| 外资企业 | -0.027***（0.004） | -0.031***（0.005） | -0.032***（0.005） | -0.006（0.010） | -0.016（0.010） | -0.010（0.011） |
| 行业效应 | 是 | 是 | 是 | 是 | 是 | 是 |
| 省份效应 | 是 | 是 | 是 | 是 | 是 | 是 |
| 年份效应 | 是 | 是 | 是 | 是 | 是 | 是 |
| 观测值 | 923 417 | 810 173 | 699 552 | 45 092 | 42 391 | 39 951 |
| R 平方 | 0.102 | 0.099 | 0.098 | 0.102 | 0.103 | 0.104 |

注：括号中的数值为聚类标准误；***、**、*分别为1%、5%、10%的显著性水平。

在创新规模方面，列（1）～列（3）分别为企业出口对企业后一期、后两期和后三期的专利数量的影响。交互项 $Treat \times T$ 的估计系数始终在1%的水平上显著为正，表明出口对企业短期和长期的创新规模均存在显著促进作用；平均而言，在控制其他可能的影响因素后，出口将导致企业在开始出口之后的后1年、后2年、后3年的发明专利数量的自然对数分别提高0.024、0.019和0.013个单位。这一结果与前文采用OLS方法得到的出口促进企业技术创新的估计结果一致，也与李兵等（2016）的研究结论相符，进入出口市场促进了企业创新规模的扩大。

此外，变量 $Treat$ 的估计系数始终显著为正，即使采用了倾向得分匹配方法控制了处理组和控制组在影响创新方面的特征差异后，出口之前处理组的创新规模相对于控制组的创新规模仍呈现显著差异后，在双重差分过程中控制处理组虚拟变量仍非常有必要。变量 $T$ 的系数始终显著为负，表明控制组企业（非出口企业）的创新数量随着时间的推移呈减小的趋势。

在创新质量方面，列（4）～列（6）分别为出口参与对企业后一期、后两期和后三期的创新质量的影响。交互项 $Treat \times T$ 的估计系数值的符号均为正，但在统计上并不显著，表明无论是短期内还是长期内出口市场进入对企业创新质量均不存在显著影响。尽管这一结论意味着出口与企业创新质量的变化可能是无关的，后文仍进一步在更细致的层面寻求出口对企业创新质量的可能影响。

### 6.4.3.3 敏感性分析

为了检验估计结果对不同的卡尺大小和近邻匹配参数 $k$ 是否稳健，采取更改卡尺和近邻匹配参数 $k$ 的方式进行敏感性分析，所有估计结果见表6.7。

首先，采取更改卡尺大小的方式进行敏感性分析。将卡尺大小修改为样本估计的倾向值标准差的0.1倍值，即0.004。表6.7（a）的估计结果表明，当被解释变量为专利数量时，交互项 $Treat \times T$ 的估计系数显著异于零，且数值为正，表明出口对企业专利数量的正向影响仍然成立；当被解释变量为专利质量时，交互项 $Treat \times T$ 的估计系数在统计上并不显著，表明出口对企业专利质量不存在明显的影响。其次，将近邻匹配参数 $k$ 的值分别调整为3和5，表6.7（b）和（c）的估计结果基本不变。这表明，本章所采用的PSM-DID方法中卡尺大小和参数 $k$ 的取值对研究结果没有质的影响。

由于海关统计数据库也报告了企业的出口数据，将海关统计数据库的出口数据合并入中国工业企业数据库，再次进行逐年匹配和DID分析，如表6.7（d）所示，主要结论仍然不变。

总之，稳健性检验结果表明，出口对企业创新规模的积极影响十分稳健，国外市场进入推动了中国制造业企业创新规模的扩大，但出口参与对企业创新质量的影响并不明显。后文围绕不同行业、不同规模、不同贸易方式和不同研发行为的样本展开探索，以深层次挖掘出口对异质性企业创新活动的影响效应。

表6.7 PSM–DID法估计结果的敏感性分析

| 变量 | 专利数量 | | | 专利质量 | | |
|---|---|---|---|---|---|---|
| | 后一期 | 后两期 | 后三期 | 后一期 | 后两期 | 后三期 |
| | （a）卡尺大小＝0.004；$k$=4 | | | | | |
| Treat | 0.025***<br>（0.001） | 0.033***<br>（0.002） | 0.040***<br>（0.002） | 0.004<br>（0.007） | 0.001<br>（0.006） | 0.004<br>（0.006） |
| T | −0.014***<br>（0.001） | −0.017***<br>（0.001） | −0.020***<br>（0.001） | −0.014***<br>（0.005） | −0.012**<br>（0.005） | −0.014***<br>（0.005） |
| Treat×T | 0.023***<br>（0.002） | 0.019***<br>（0.002） | 0.015***<br>（0.003） | 0.007<br>（0.007） | 0.009<br>（0.007） | 0.007<br>（0.007） |
| 观测值 | 919 251 | 806 362 | 696 110 | 45 098 | 42 431 | 40 024 |
| R平方 | 0.102 | 0.099 | 0.099 | 0.101 | 0.103 | 0.103 |
| 变量 | 专利数量 | | | 专利质量 | | |
| | 后一期 | 后两期 | 后三期 | 后一期 | 后两期 | 后三期 |
| | （b）卡尺大小＝0.01；$k$=3 | | | | | |
| Treat | 0.024***<br>（0.001） | 0.032***<br>（0.002） | 0.040***<br>（0.002） | 0.003<br>（0.007） | −0.006<br>（0.006） | 0.006<br>（0.006） |
| T | −0.016***<br>（0.001） | −0.020***<br>（0.001） | −0.023***<br>（0.002） | −0.017***<br>（0.006） | −0.022***<br>（0.006） | −0.012**<br>（0.006） |
| Treat×T | 0.024***<br>（0.002） | 0.019***<br>（0.002） | 0.014***<br>（0.003） | 0.007<br>（0.007） | 0.017**<br>（0.007） | 0.003<br>（0.007） |
| 观测值 | 837 854 | 737 001 | 637 757 | 42 454 | 40 026 | 37 867 |
| R平方 | 0.105 | 0.102 | 0.101 | 0.101 | 0.102 | 0.103 |
| 变量 | 专利数量 | | | 专利质量 | | |
| | 后一期 | 后两期 | 后三期 | 后一期 | 后两期 | 后三期 |
| | （c）卡尺大小＝0.01；$k$=5 | | | | | |
| Treat | 0.025***<br>（0.001） | 0.033***<br>（0.002） | 0.041***<br>（0.002） | 0.007<br>（0.007） | 0.001<br>（0.006） | 0.004<br>（0.006） |
| T | −0.013***<br>（0.001） | −0.016***<br>（0.001） | −0.018***<br>（0.001） | −0.008<br>（0.005） | −0.009*<br>（0.005） | −0.011**<br>（0.005） |

续　表

| 变量 | 专利数量 | | | 专利质量 | | |
|---|---|---|---|---|---|---|
| | 后一期 | 后两期 | 后三期 | 后一期 | 后两期 | 后三期 |
| | （c）卡尺大小=0.01；k=5 | | | | | |
| $Treat \times T$ | 0.024***<br>（0.002） | 0.020***<br>（0.002） | 0.015***<br>（0.003） | 0.002<br>（0.007） | 0.006<br>（0.007） | 0.004<br>（0.007） |
| 观测值 | 993 642 | 870 372 | 750 250 | 47 420 | 44 407 | 41 751 |
| R 平方 | 0.100 | 0.097 | 0.097 | 0.101 | 0.102 | 0.104 |

| 变量 | 专利数量 | | | 专利质量 | | |
|---|---|---|---|---|---|---|
| | 后一期 | 后两期 | 后三期 | 后一期 | 后两期 | 后三期 |
| | （d）海关库出口数据 | | | | | |
| $Treat$ | 0.021***<br>（0.002） | 0.029***<br>（0.002） | 0.040***<br>（0.002） | 0.014*<br>（0.008） | 0.006<br>（0.007） | 0.007<br>（0.007） |
| $T$ | −0.022***<br>（0.001） | −0.026***<br>（0.002） | −0.026***<br>（0.002） | −0.002<br>（0.006） | −0.011*<br>（0.006） | −0.012**<br>（0.006） |
| $Treat \times T$ | 0.041***<br>（0.003） | 0.038***<br>（0.003） | 0.033***<br>（0.003） | −0.010<br>（0.008） | −0.001<br>（0.008） | 0.000<br>（0.008） |
| 样本数 | 631 205 | 557 243 | 483 775 | 36 138 | 34 337 | 32 690 |
| R 平方 | 0.113 | 0.110 | 0.110 | 0.105 | 0.107 | 0.104 |

注：括号中的数值为聚类标准误；***、**、*分别为1%、5%、10%的显著性水平；所有回归均加入控制变量、行业、省份和年份效应。

## 6.4.4 异质性分析

### 6.4.4.1 高技术行业企业与低技术行业企业

出口企业所处行业技术水平的高低直接影响企业的创新倾向和创新强度。为此，参考前文，采用吕越等（2018）的做法，根据企业所属行业，将所有企业样本划分为高技术行业企业和低技术行业企业两大类，并分别进行PSM-DID估计，结果见表6.8。

表6.8　高技术行业和低技术行业企业出口对技术创新的影响分析

| 变量 | 创新规模 | | | 创新质量 | | |
|---|---|---|---|---|---|---|
| | 后一期 | 后两期 | 后三期 | 后一期 | 后两期 | 后三期 |
| | （a）高技术行业 | | | | | |
| | （1） | （2） | （3） | （4） | （5） | （6） |
| Treat | 0.037*** (0.003) | 0.050*** (0.004) | 0.062*** (0.005) | −0.004 (0.009) | −0.014* (0.008) | 0.001 (0.008) |
| T | −0.024*** (0.003) | −0.029*** (0.003) | −0.029*** (0.004) | −0.016** (0.007) | −0.023*** (0.007) | −0.013* (0.007) |
| Treat×T | 0.035*** (0.005) | 0.026*** (0.005) | 0.016*** (0.006) | 0.009 (0.009) | 0.019** (0.009) | 0.004 (0.009) |
| 观测值 | 269 479 | 236 724 | 205 426 | 24 647 | 23 054 | 21 632 |
| R 平方 | 0.128 | 0.121 | 0.117 | 0.108 | 0.111 | 0.109 |
| 变量 | 创新规模 | | | 创新质量 | | |
| | 后一期 | 后两期 | 后三期 | 后一期 | 后两期 | 后三期 |
| | （b）低技术行业 | | | | | |
| | （7） | （8） | （9） | （10） | （11） | （12） |
| Treat | 0.017*** (0.001) | 0.021*** (0.001) | 0.026*** (0.002) | 0.023** (0.012) | 0.024** (0.011) | 0.016 (0.010) |
| T | −0.008*** (0.001) | −0.010*** (0.001) | −0.013*** (0.001) | 0.006 (0.010) | 0.014 (0.010) | 0.003 (0.009) |
| Treat×T | 0.014*** (0.002) | 0.011*** (0.002) | 0.010*** (0.002) | −0.010 (0.013) | −0.014 (0.012) | −0.007 (0.012) |
| 观测值 | 537 205 | 472 470 | 407 965 | 15 464 | 14 799 | 14 186 |
| R 平方 | 0.069 | 0.068 | 0.069 | 0.103 | 0.104 | 0.103 |

注：括号中的数值为聚类标准误；***、**、*分别表示1%、5%、10%的显著性水平；所有回归均加入控制变量、行业、省份和年份效应。

在创新规模方面，列（1）~列（3）和列（7）~列（9）结果显示，交互项Treat×T的估计系数的符号均显著为正，表明高技术行业企业和低技术行业企业参与出口市场在短期和长期内，均对自身的专利数量存在显著促进作用，即只要存在出口参与，就有利于企业创新规模的扩大；从估计系数的数值看，与低技术行业企业相比，高技术行业企业样本的交互项$Treat \times T$的系数值更高，表明出口对企业创新规模的积极影响在高技术行业企业中更为突出。这与李兵等（2016）的结论基本一致。

在创新质量方面，从列（4）~列（6）可以看出，对于高技术行业企业，交互项$Treat \times T$的估计系数的符号均为正值，且出口参与对出口后两期的专利质量存在显著促进作用。对于低技术行业企业，从列（10）~列（12）可以看出，交互项$Treat \times T$的估计系数均为负值且不显著，表明出口对低技术行业企业创新质量的影响在统计上不显著。

出口仅对高技术行业企业创新质量存在一定促进作用的结论，表明出口在推动技术创新方面具有重要意义。应采取积极的财税政策为高技术企业的出口提供便利和支持，从而推动高技术企业的技术创新和行业层面的技术升级。

### 6.4.4.2 区分企业规模

理论上，规模越大的企业可以通过出口实现更高层次的规模经济，因此出口对其的积极影响可能更大。基于此，将所有研究样本分为大型企业和中小企业两个子样本，分别展开分析，表6.9报告了相应的分样本回归结果。

表6.9　大型和中小企业出口对技术创新的影响分析

| 变量 | （a）大型企业专利数量 | | | （a）大型企业专利质量 | | |
|---|---|---|---|---|---|---|
| | 后一期 | 后两期 | 后三期 | 后一期 | 后两期 | 后三期 |
| | （1） | （2） | （3） | （4） | （5） | （6） |
| $Treat$ | 0.036*** | 0.046*** | 0.057*** | 0.002 | 0.000 | 0.001 |
| | （0.002） | （0.003） | （0.003） | （0.008） | （0.008） | （0.007） |
| $T$ | −0.020*** | −0.023*** | −0.024*** | −0.018** | −0.012* | −0.014** |
| | （0.002） | （0.002） | （0.002） | （0.007） | （0.007） | （0.007） |
| $Treat \times T$ | 0.030*** | 0.024*** | 0.016*** | 0.011 | 0.011 | 0.010 |
| | （0.003） | （0.003） | （0.004） | （0.009） | （0.008） | （0.008） |
| 观测值 | 481 742 | 429 126 | 375 583 | 33 942 | 32 070 | 30 356 |
| R 平方 | 0.120 | 0.116 | 0.114 | 0.103 | 0.102 | 0.103 |

| 变量 | （b）中小企业专利数量 | | | （b）中小企业专利质量 | | |
|---|---|---|---|---|---|---|
| | 后一期 | 后两期 | 后三期 | 后一期 | 后两期 | 后三期 |
| | （7） | （8） | （9） | （10） | （11） | （12） |
| Treat | 0.015*** <br> （0.002） | 0.019*** <br> （0.002） | 0.021*** <br> （0.002） | 0.005 <br> （0.014） | −0.006 <br> （0.013） | 0.009 <br> （0.012） |
| T | −0.009*** <br> （0.001） | −0.013*** <br> （0.001） | −0.014*** <br> （0.002） | −0.002 <br> （0.011） | −0.023** <br> （0.011） | −0.018 <br> （0.011） |
| Treat×T | 0.003 <br> （0.002） | −0.000 <br> （0.002） | −0.000 <br> （0.003） | −0.010 <br> （0.015） | 0.010 <br> （0.015） | −0.009 <br> （0.015） |
| 观测值 | 343 303 | 297 034 | 253 130 | 8 399 | 7 897 | 7 388 |
| R 平方 | 0.061 | 0.057 | 0.057 | 0.123 | 0.131 | 0.129 |

注：括号中的数值为聚类标准误；***、**、*分别表示1%、5%、10%的显著性水平；所有回归均加入控制变量、行业、省份和年份效应。

表6.9列（1）～列（3）和列（7）～列（9）表明，出口对大型企业的专利数量存在显著促进作用，但对中小企业的影响并不显著。这一结果与预期相符。进一步从表6.9列（4）～列（6）和列（10）～列（12）可知，出口对大型企业和中小企业的创新质量的影响均不显著，出口对企业创新质量的影响与企业的大小无关。

### 6.4.4.3 区分贸易方式

由于加工贸易企业往往不直接参加国际市场竞争，出口对其创新活动的影响可能与一般贸易企业存在较大差异。

从创新规模看，表6.10列（1）～列（3）和列（7）～列（9）表明，一般贸易企业和混合贸易企业的出口均对其专利数量存在显著促进作用，且该促进作用在一般贸易企业中更为明显。列（13）～列（15）结果显示，加工贸易企业的出口对企业专利数量无显著影响。这一结论与吕大国等（2016）、周（Zhou）等（2021）等的研究结果较为一致。对这一结果的一个可能解释是，一般贸易企业为了获取更多海外订单，需要不断提升产品质量以适应国外消费者需求，在海外市场开拓方面也往往表现出强烈的主动性；而加工贸易企业根据海外企业的需求进行加工和装配，加工环节对技术要求较低，出口学习效应相对不明显。

从创新质量看，表6.10列（4）～列（6）、列（10）～列（12）和列（16）～列（18）估计结果表明，出口对3类贸易方式企业的专利质量影响均不显著。即便对于一般贸易企业而言，从出口中获得的创新质量提升也不明显。这表明贸易方式不是影响出口作用于企业创新质量的主要原因。

表6.10 出口对不同贸易方式企业的创新效应

| 变量 | （a）一般贸易企业创新规模 | | | （a）一般贸易企业创新质量 | | |
|---|---|---|---|---|---|---|
| | 后一期 | 后两期 | 后三期 | 后一期 | 后两期 | 后三期 |
| | （1） | （2） | （3） | （4） | （5） | （6） |
| Treat | 0.024*** (0.002) | 0.034*** (0.002) | 0.045*** (0.002) | 0.000 (0.008) | 0.002 (0.007) | 0.006 (0.007) |
| T | −0.023*** (0.001) | −0.027*** (0.002) | −0.027*** (0.002) | −0.017*** (0.006) | −0.018*** (0.006) | −0.011* (0.006) |
| Treat×T | 0.046*** (0.003) | 0.041*** (0.003) | 0.036*** (0.004) | 0.005 (0.009) | 0.001 (0.008) | −0.002 (0.008) |
| 观测值 | 554 561 | 490 475 | 426 041 | 31 897 | 30 387 | 28 904 |
| R平方 | 0.116 | 0.112 | 0.112 | 0.103 | 0.106 | 0.106 |

| 变量 | （b）混合贸易企业创新规模 | | | （b）混合贸易企业创新质量 | | |
|---|---|---|---|---|---|---|
| | 后一期 | 后两期 | 后三期 | 后一期 | 后两期 | 后三期 |
| | （7） | （8） | （9） | （10） | （11） | （12） |
| Treat | 0.025*** (0.007) | 0.029*** (0.008) | 0.039*** (0.009) | 0.034 (0.024) | 0.016 (0.022) | 0.036* (0.020) |
| T | −0.014*** (0.004) | −0.019*** (0.005) | −0.023*** (0.005) | −0.019 (0.018) | −0.028* (0.016) | −0.035** (0.016) |
| Treat×T | 0.022** (0.010) | 0.025** (0.011) | 0.020* (0.011) | 0.003 (0.025) | 0.031 (0.024) | 0.019 (0.021) |
| 观测值 | 82 977 | 73 457 | 64 141 | 4 957 | 4 750 | 4 591 |
| R平方 | 0.120 | 0.119 | 0.119 | 0.146 | 0.153 | 0.148 |

续　表

| 变量 | （c）加工贸易企业创新规模 | | | （c）加工贸易企业创新质量 | | |
|---|---|---|---|---|---|---|
| | 后一期 | 后两期 | 后三期 | 后一期 | 后两期 | 后三期 |
| | （13） | （14） | （15） | （16） | （17） | （18） |
| *Treat* | −0.003<br>（0.006） | −0.003<br>（0.007） | −0.005<br>（0.008） | −0.024<br>（0.034） | −0.005<br>（0.030） | −0.014<br>（0.025） |
| *T* | −0.000<br>（0.006） | −0.009<br>（0.007） | −0.007<br>（0.008） | 0.005<br>（0.022） | −0.010<br>（0.020） | −0.017<br>（0.020） |
| *Treat* | −0.002<br>（0.008） | −0.000<br>（0.009） | 0.004<br>（0.010） | 0.038<br>（0.036） | 0.019<br>（0.032） | 0.034<br>（0.028） |
| 观测值 | 61 097 | 53 362 | 45 904 | 2 883 | 2 698 | 2 583 |
| R 平方 | 0.094 | 0.095 | 0.097 | 0.162 | 0.185 | 0.177 |

注：括号中的数值为聚类标准误；\*\*\*、\*\*、\* 分别表示1%、5%、10%的显著性水平；所有回归均加入控制变量、行业、省份和年份效应。

# 6.5 进一步扩展：出口前研发的影响

## 6.5.1 出口前是否研发对出口创新效应的影响

从表6.2可看到，出口企业样本数量占总企业样本数的份额高于创新企业。这意味着出口企业中有一部分企业未从事技术创新活动。借鉴戴觅和余淼杰（2012）的做法，通过比较有研发的出口企业与无研发的出口企业在进入出口市场后的专利产出变化来识别研发对出口的创新效应的影响。对于出口前研发的界定，根据李平等（2019），由于工业企业库仅在2001年及2005—2007年4个年度给出了企业研发数据，因此无法得知样本企业在其余年份是否从事了研发活动。为此，笔者采用企业的专利产出度量企业的研发活动，若企业在某年存在发明专利申请活动，则视为企业在该年从事了研发活动。

具体可将新出口企业分成两组，一组为在出口前至少存在过一年发明专利申请活动的企业，即有出口前研发的新出口企业；另一组为在出口前的任一年份都不存在发明专利申请活动的企业，即无出口前研发的新出口企业。参考戴觅和余淼杰（2012）的做法，将有出口前研发的新出口企业作为处理组，将相应年份之前存在研发行为的非出口企业作为控制组，采用PSM-DID方法进行逐年匹配，分析出口前研发对出口的创新效应的影响；进一步将无出口前研发的新出口企业作为处理组，将相应年份之前不存在研发行为的非出口企业作为控制组，采用PSM-DID方法分析出口前未开展研发对出口的创新效应的影响。表6.11列（1）～列（6）和列（7）～列（12）分别汇报了有出口前研发的新出口企业和无出口前研发的新出口企业作为处理组进行匹配的双重差分结果。

在创新规模方面，列（1）～列（3）和列（7）～列（9）显示，交互项$Treat \times T$的估计系数均显著为正。这表明无论企业是否在出口前进行过研发，出口后均能实现创新规模的扩大；然而，相较于无出口前研发的新出口企业，出口对于有出口前研发的新出口企业创新规模的积极效应更明显。

表6.11　出口前研发对出口创新效应的影响分析

| 变量 | （a）有出口前研发的企业专利数量 | | | （a）有出口前研发的企业专利质量 | | |
| --- | --- | --- | --- | --- | --- | --- |
| | 后一期 | 后两期 | 后三期 | 后一期 | 后两期 | 后三期 |
| | （1） | （2） | （3） | （4） | （5） | （6） |
| $Treat$ | 0.085*** (0.012) | 0.107*** (0.014) | 0.128*** (0.015) | 0.007 (0.007) | 0.013* (0.007) | 0.012 (0.007) |
| $T$ | −0.035** (0.016) | −0.039** (0.018) | −0.024 (0.022) | 0.010 (0.007) | 0.021*** (0.007) | 0.011 (0.008) |
| $Treat \times T$ | 0.172*** (0.026) | 0.171*** (0.030) | 0.175*** (0.036) | 0.018* (0.010) | 0.009 (0.010) | 0.010 (0.012) |
| 观测值 | 60 100 | 53 960 | 47 747 | 21 288 | 19 524 | 18 029 |
| R 平方 | 0.185 | 0.169 | 0.161 | 0.110 | 0.111 | 0.112 |

| 变量 | （b）无出口前研发的企业专利数量 | | | （b）无出口前研发的企业专利质量 | | |
|---|---|---|---|---|---|---|
| | 后一期 | 后两期 | 后三期 | 后一期 | 后两期 | 后三期 |
| | （7） | （8） | （9） | （10） | （11） | （12） |
| *Treat* | 0.007*** <br> （0.001） | 0.012*** <br> （0.001） | 0.017*** <br> （0.001） | 0.003 <br> （0.012） | −0.014 <br> （0.010） | 0.005 <br> （0.008） |
| *T* | 0.012*** <br> （0.001） | 0.012*** <br> （0.001） | 0.012*** <br> （0.001） | 0.004 <br> （0.008） | −0.006 <br> （0.007） | −0.001 <br> （0.006） |
| *Treat×T* | 0.030*** <br> （0.002） | 0.027*** <br> （0.002） | 0.026*** <br> （0.002） | 0.007 <br> （0.013） | 0.024** <br> （0.010） | 0.007 <br> （0.009） |
| 观测值 | 1 010 567 | 893 405 | 775 991 | 33 235 | 32 287 | 31 195 |
| R 平方 | 0.075 | 0.073 | 0.072 | 0.106 | 0.106 | 0.104 |

注：括号中的数值为聚类标准误；***、**、*分别为1%、5%、10%的显著性水平；所有回归均加入行业、省份和年份效应。

在创新质量方面，列（4）～列（6）中，对于有出口前研发的新出口企业样本，出口仅对出口后一期的专利质量存在显著促进作用；列（10）～列（12）中，对于无出口前研发的新出口企业样本，出口仅对出口后两期的专利质量存在显著推动作用。这表明，出口在短期内对有出口前研发的新出口企业存在明显的创新质量提升效应，对无出口前研发的新出口企业的创新质量的作用则存在一定的时滞。

## 6.5.2　出口前研发持续时长对出口创新效应的影响

前文研究表明，有出口前研发的新出口企业具有更高的出口创新提升效应。由于开展短期研发的企业和长期从事研发的企业可能存在本质上的差异，本小节进一步研究研发持续时长对企业出口的创新效应的影响。由于大量年份未汇报企业的研发投入数据，因此采用企业是否存在发明专利产出作为企业研发活动的代理变量，即采用企业出口前各年存在发明专利产出的年数度量企业的研发持续时长。参考戴觅和余淼杰（2012）的做法，逐年计算新出口企业在出口前的研发持续时长，并将新出口企业划分为出口前参加过1年、2年、3年、4年和5年研发活动的企业，分批逐次进行PSM-DID分析，对应的回归结果见表6.12。

从创新规模看，对于企业出口前不同研发时长的样本，交互项 $Treat×T$ 的估计系数值基本显著为正，且系数值随着出口前研发时长的增加而呈上升趋势。对于出口前存在5年研发活动的企业样本，出口对企业后一期、后两期和后三期的专利数量的影响系数高达0.566、0.647和0.524；尽管此时 $Treat×T$ 的估计系数在统计上并不显著，但这可能是由出口前存在5年研发活动企业的样本量的大幅减少造成的。总体而言，随着出口前研发持续时长的增加，出口对企业创新规模的促进效应大体上呈上升趋势。

从创新质量看，对于出口前存在1年、2年和3年研发活动的样本企业，出口均显著促进了企业创新质量的提升。对于出口前存在4年和5年研发活动的样本企业，交互项 $Treat×T$ 的估计系数并不显著，这可能是由出口前从事较长研发活动的企业样本较少造成的。此外，对于出口前存在5年研发活动的样本企业，交互项 $Treat×T$ 的估计系数值无论短期还是长期均达到最大，此时出口对企业后一期、后两期和后三期的创新质量的影响系数分别为0.138、0.098和0.189。

表6.12　出口前研发持续时长对出口创新效应的影响

| 变量 | (a) 出口前存在1年研发活动的企业创新规模 | | | (a) 出口前存在1年研发活动的企业创新质量 | | |
|---|---|---|---|---|---|---|
| | 后一期 | 后两期 | 后三期 | 后一期 | 后两期 | 后三期 |
| $Treat×T$ | 0.289*** (0.024) | 0.316*** (0.027) | 0.332*** (0.032) | 0.041*** (0.014) | 0.033** (0.015) | 0.029* (0.015) |
| 观测值 | 48 448 | 43 284 | 37 955 | 7 806 | 7 108 | 6 523 |
| R 平方 | 0.211 | 0.204 | 0.202 | 0.140 | 0.149 | 0.157 |
| 变量 | (b) 出口前存在2年研发活动的企业创新规模 | | | (b) 出口前存在2年研发活动的企业创新质量 | | |
| | 后一期 | 后两期 | 后三期 | 后一期 | 后两期 | 后三期 |
| $Treat×T$ | 0.436*** (0.054) | 0.412*** (0.061) | 0.435*** (0.071) | 0.034 (0.022) | 0.061*** (0.023) | 0.052** (0.026) |
| 观测值 | 14 887 | 13 473 | 11 988 | 2 919 | 2 721 | 2 523 |

| R 平方 | 0.291 | 0.273 | 0.277 | 0.193 | 0.188 | 0.192 |
|---|---|---|---|---|---|---|
| 变量 | （c）出口前存在3年研发活动的企业创新规模 | | | （c）出口前存在3年研发活动的企业创新质量 | | |
| | 后一期 | 后两期 | 后三期 | 后一期 | 后两期 | 后三期 |
| $Treat \times T$ | 0.236*** （0.044） | 0.206*** （0.047） | 0.183*** （0.054） | 0.067*** （0.026） | 0.057** （0.025） | 0.040 （0.026） |
| 观测值 | 14 769 | 13 415 | 12 089 | 2 732 | 2 559 | 2 433 |
| R 平方 | 0.311 | 0.299 | 0.301 | 0.178 | 0.185 | 0.186 |
| 变量 | （d）出口前存在4年研发活动的企业创新规模 | | | （d）出口前存在4年研发活动的企业创新质量 | | |
| | 后一期 | 后两期 | 后三期 | 后一期 | 后两期 | 后三期 |
| $Treat \times T$ | 0.405*** （0.139） | 0.352** （0.175） | 0.391 （0.240） | 0.031 （0.046） | 0.061 （0.049） | 0.022 （0.059） |
| R 平方 | 2 417 | 2 222 | 2 023 | 668 | 639 | 604 |
| 观测值 | 0.362 | 0.363 | 0.367 | 0.272 | 0.278 | 0.311 |
| 变量 | （e）出口前存在5年研发活动的企业创新规模 | | | （e）出口前存在5年研发活动的企业创新质量 | | |
| | 后一期 | 后两期 | 后三期 | 后一期 | 后两期 | 后三期 |
| $Treat \times T$ | 0.566* （0.328） | 0.647 （0.435） | 0.524 （0.510） | 0.138 （0.102） | 0.098 （0.133） | 0.189 （0.158） |
| 观测值 | 748 | 689 | 622 | 186 | 177 | 172 |
| R 平方 | 0.543 | 0.549 | 0.576 | 0.504 | 0.514 | 0.494 |

　　注：括号中的数值为聚类标准误；***、**、*分别为1%、5%、10%的显著性水平；所有回归均加入行业、省份和年份效应。

# 6.6　本章小结

　　尽管许多研究发现出口企业从事的创新活动比非出口企业更为频繁，但学界对于出口是否可以促进企业技术创新仍存在较大争议，且围绕出口如何影响创新质量的研究较为匮乏。本章首先验证了出口贸易自由化对企业出口的促进作用。其次为考察出口与企业技术创新的关系，利用1998—2015年中国规模以上制造业企业数据，采用OLS方法估计了出口对企业技术创新的影响。结果表明，出口与企业创新规模呈显著正相关，在控制其他可能的影响因素后，出口强度每增加1%，发明专利数量平均增加0.027%；但出口与企业创新质量之间不存在明显关联。最后考虑出口与创新之间可能存在的双向因果关系，进一步采用PSM-DID方法来控制可能存在的样本自选择问题与遗漏变量偏误问题，以准确评估出口与企业技术创新的因果联系。

PSM-DID法的具体做法为：首先，分别筛选出新出口企业和非出口企业作为处理组与控制组；其次，利用倾向得分匹配方法（PSM），为每个处理组匹配1个或多个控制组个体，使处理组和控制组在各方面的特征差异尽可能地保持一致；最后，基于匹配后的处理组和控制组合集，采用双重差分法（DID）估计出口对企业技术创新的影响。在此基础上，结合企业所处行业、经营规模、贸易方式和出口前研发等因素，探讨出口对异质性企业技术创新的影响。采用PSM-DID方法进行研究得到的主要结论有以下几点。

在创新规模方面，出口对企业创新规模的扩大具有积极的推动作用，且该效应在短期内和长期内均存在。平均而言，在控制其他可能的影响因素后，出口将促进企业在开始出口之后的后1年、后2年、后3年的发明专利数量的自然对数分别提高0.024、0.019和0.013个单位。在采用替换匹配方法、更改卡尺距离等稳健性检验后，主要结论仍然成立。进一步区分企业所属行业类型的研究表明，高技术行业企业和低技术行业企业参与出口均对自身的创新规模存在显著促进作用；且该促进作用在高技术行业企业中更为突出。此外，出口仅对大型企业和非加工贸易企业的创新规模存在促进作用，对中小企业和加工贸易企业创新规模的影响不显著。结合企业出口前是否研发及研发持续时长的研究表明，有出口前研发的企业在出口后更能实现创新规模的扩大，且随着出口前研发持续时长的增加，出口对企业创新规模的促进效应大体上呈上升趋势。由这些结论可知，应继续推动全方位对外开放，不断提高出口通关便利化水平，切实稳定外贸出口。

在创新质量方面，出口对企业创新质量总体上不存在显著影响。然而进一步研究发现，出口对低技术行业企业的创新质量不存在显著影响，但对高技术行业企业在出口后两期的创新质量上存在促进作用。企业的经营规模和贸易方式都不是影响出口作用于企业创新质量的因素。考虑企业出口前研发后的研究结果表明，对于不同的出口前研发持续时长，出口均能促进企业创新质量的提升，该促进效应在出口前存在5年研发活动的样本企业中最大。这意味着，在具体出口实践中，扩大"一揽子"出口总量的做法不符合创新质量提升的诉求，而应积极推动高技术行业企业的高质量产品出口；企业自主研发会在较大程度上影响出口的创新效应，企业能否通过出口获得创新水平提升仍有赖于自身的研发投入。

# 7　研究结论和政策建议

　　科技创新是发展新质生产力的核心要素，也是关键支撑。在我国坚定奉行互利共赢的开放战略，不断加大高水平对外开放力度的背景下，如何在开放合作中提升企业自主创新能力，对于推动中国经济高质量发展具有重要而迫切的现实意义。正是基于以上背景，本书沿着"研究概述—现实考察—基础理论—分析框架构建—实证分析—政策引申"的逻辑思路，采用理论研究与实证分析相结合的方法，系统探讨贸易自由化对微观企业技术创新的影响。首先在梳理有关文献和考察中国对外贸易与技术创新发展特征的基础上，结合产品生命周期理论、国际技术扩散理论、异质性企业贸易理论、阿吉翁倒U形模型和熊彼特创新理论等相关理论，构建了贸易自由化影响企业技术创新的分析框架；其次基于中国加入WTO后企业进出口和技术创新活动的动态变化，使用1998—2015年共18年的中国制造行业长周期、大规模微观数据，结合DID法、IV法、OLS法和PSM-DID法等多种计量分析方法，从贸易自由化推动的进口竞争加剧、中间品进口贸易自由化和出口贸易自由化3个方面，实证检验贸易开放对中国制造业企业技术创新的"量"与"质"的影响，为微观主体的技术创新研究提供新的证据；最后总结主要结论并提出相关政策建议。

## 7.1 主要研究结论

### 7.1.1 进口竞争的加剧促进产业结构调整和升级

　　在创新规模方面，将中国加入WTO视为市场竞争程度明显变化的准自然实验，基于行业间进口关税削减程度的差异构建双重差分模型，实证检验进口关税削减引致的进口竞争加剧对微观企业技术创新的影响。研究发现，进口竞争加剧总体上阻碍了企业创新规模的扩大，经过将所有解释变量滞后一期或滞后两期、控制中间品进口关税等一系列稳健性检验后，该结论仍然成立。进一步分析进口竞争加剧对异质性企业的创新影响的研究表明，进口竞争加剧对企业创新规模的边际效应与企业的自身技术水平存在密切关联。企业的生产率越高，进口竞争加剧对创新规模的负面效应越小。当企业的全要素生产率超过8.122时，进口竞争加剧反而促进了企业创新规模的增加。这意味着，进口竞争的压力推动了创新资源由低生产率企业向高生产率企业转移，有利于创新资源跨企业的有效配置和产业内部的结构调整。异质性分析表明，进口竞争加剧对企业创新规模的负面影响在低补贴收入、一般贸易企业和东部地区企业中更为突出。引入国内制度环境作为调节变量的研究发现，国内制度环境越好，进口竞争加剧对企业创新规模的负向影响越明显。进一步研究发现，市场与政府的关系改善会缓解进口竞争加剧对企业创新规模的负面作用。

在创新质量方面，进口竞争加剧总体上对企业创新质量的影响并不显著。这表明，如果仅考察企业的创新规模，则进口冲击对企业创新的不利影响将被高估；将企业的创新质量纳入研究，有利于客观评价进口冲击对企业创新的影响。引入企业特征的分析表明，进口竞争加剧对企业创新质量的影响与企业的生产率水平和补贴收入存在密切联系，进口竞争加剧对高生产率、高补贴企业的负面影响更小。当企业的全要素生产率超过6.858时，进口竞争加剧反而能够促进企业创新质量提升。这表明，扩大进口带来的竞争压力有助于推动高生产率企业的创新质量提升，并驱动创新资源向高生产率企业流动，从而加速创新资源跨企业优化配置，进而推动整个行业层面的平均创新质量提升。

## 7.1.2 中间品进口对企业技术创新存在积极促进作用

在创新规模方面，基于中国加入WTO后，进口中间品大幅增加的历史背景，采用2000—2015年中国工业企业库、海关统计库和专利数据库的匹配数据，探究中间品贸易自由化对企业进口中间品的影响，以及进口中间品的创新效应。研究表明，中间品贸易自由化对微观企业的中间品进口金额和进口种类均有显著促进作用。进一步地，中间品进口从数量和种类两个维度促进了企业创新规模的扩大；在采用中间品进口关税作为工具变量缓解内生性问题后，主要结论仍然成立。细分中间品类型的研究表明，初级产品、半成品、零部件和资本品的进口金额增加与进口种类扩张均有助于企业创新规模的提高。并且中间品进口规模的扩大和种类的扩张对非加工贸易企业、中西部地区企业与高技术行业企业的促进作用更大。进一步引入技术吸收能力作为调节变量的研究表明，企业的技术吸收能力越高，中间品进口数量增加对其创新规模的促进作用越大。机制分析表明，进口中间品通过技术溢出效应、技术互补效应和研发激励效应3个渠道促进企业创新规模的扩大，且技术溢出效应和研发激励效应是其中的主要影响渠道。

在创新质量方面，中间品进口仅从种类上促进了企业创新质量提升。采用中间品进口关税作为工具变量进行回归的结果表明，在控制可能存在的内生性问题后，中间品进口金额增加和进口种类扩张对企业创新质量的提升不存在显著正向影响。区分中间品类别的回归结果表明，仅有进口半成品显著促进了企业创新质量提升，初级产品、零部件和资本品的进口对企业创新质量无显著影响。这与所有类型的中间品进口均有利于企业创新规模的结论形成鲜明对比。这也意味着，若仅采用数量指标度量企业的技术创新，而不考虑质量指标，进口中间品对企业创新的影响可能被高估。同时，纳入创新规模和创新质量进行分析，有助于客观评估中间品进口对发展中国家微观企业技术创新的影响。异质性分析表明，中间品进口种类的扩张对一般贸易企业、东部地区企业和高技术行业企业的创新质量提升更为显著。进一步的机制分析发现，中间品进口种类多样化对企业创新质量的促进作用表现为技术外溢效应、技术互补效应和研发激励效应，且研发激励效应是最为主要的传导机制。

### 7.1.3 出口推动高技术行业企业的创新质量提升

本书采用企业出口加权关税度量出口贸易自由化程度，并发现出口贸易自由化显著促进了企业出口。进一步地，分别采用普通最小二乘方法（OLS）和倾向得分匹配—双重差分法（PSM-DID）探讨出口的创新效应。

在创新规模方面，首先，利用1998—2015年全国规模以上制造业企业的数据，采用OLS方法估计出口对企业技术创新的影响，结果表明，出口与企业的创新规模呈现显著正相关关系。其次，考虑出口与创新之间可能存在的双向因果关系，进一步采用PSM-DID方法识别出口与企业技术创新的因果联系，以控制可能存在的样本自选择问题与遗漏变量偏误问题。研究发现，出口对企业的创新规模扩大具有积极推动作用，且该效应在短期内和长期内均存在。平均而言，在控制其他可能的影响因素后，出口将导致企业在开始出口的后1年、后2年、后3年的发明专利数量的自然对数分别提高0.024、0.019和0.013个单位。经过替换匹配方法、更改卡尺距离等稳健性检验后，主要结论仍然成立。再次，在此基础上进一步探究出口对异质性企业技术创新的影响。区分企业所属行业类型的研究表明，高技术行业企业和低技术行业企业参与出口均对自身的创新规模存在显著促进作用，且该促进作用在高技术行业企业中更为突出。最后，出口的创新提升效应仅存在于大型企业和非加工贸易企业中。结合企业出口前是否研发及研发持续时长的研究表明，有出口前研发的企业在出口后更能实现创新规模的扩大，且随着出口前研发持续时长的增加，出口对企业创新规模的促进效应大体上呈上升趋势。

在创新质量方面，采用OLS方法和PSM-DID方法的实证研究表明，出口对企业创新质量不存在显著影响效应；经过替换匹配方法、更改卡尺距离等稳健性检验后，这一结论仍然成立。进一步研究发现，尽管出口对低技术行业企业的创新质量不存在显著影响，但对高技术行业企业出口后两期的创新质量存在促进作用。但企业的经营规模和贸易方式都不是影响出口作用于企业创新质量的因素。这表明，在研究中忽视创新质量而仅考虑创新规模的做法，将高估出口在推动企业技术创新水平提高方面的作用。此外，对于不同的出口前研发持续时长，出口均能促进企业创新质量的提升。该促进效应在出口前存在5年研发活动的样本企业中最大。推动企业持续开展研发创新，有助于出口企业从更大程度上实现技术升级和创新水平提升。

### 7.1.4 企业自主研发放大了贸易自由化对企业技术创新的积极作用

综合分析进口竞争加剧、中间品进口贸易自由化和出口贸易自由化3者对企业技术创新的影响，可以发现，进口竞争加剧仅对高生产率企业的创新规模和创新质量存在积极促进作用。中间品进口主要通过研发激励效应推动企业创新规模扩大和创新质量提升；出口对于有出口前研发和出口前研发持续时间更长的企业样本的创新质量提升作用更为突出。由此可知，在贸易自由化促进企业创新活动的过程中，企业的自主研发活动和自身技术水平发挥了不可忽视的重要作用，微观企业通过贸易自由化获得创新水平的提升归根结底仍依赖于自主研发。

## 7.2 政策建议

本书的研究结论为中国对外开放的创新驱动效应提供了微观证据，也为持续推进高水平对外开放提供了有力支撑，因而具有较强的政策含义。

### 7.2.1 扩大进口以推动产业结构调整，促进创新资源优化配置

鉴于进口自由化推动的市场竞争加剧对高生产率企业技术创新的"量"和"质"的积极作用，应继续积极扩大进口，扩大高水平对外开放；同时加快完善社会主义市场经济体制，激发市场竞争活力，倒逼优质企业创新。在扩大进口促竞争的同时，不断深化"放管服"改革，持续优化市场营商环境，降低制造业企业经营成本，减轻创新型企业的融资约束，加快完善知识产权保护制度和现代市场体系建设，推动中高生产率企业的创新投入和创新成果实现市场化、产业化，推动产品质量提升和产业结构升级。同时，进一步完善市场主体淘汰和退出机制，引导和加速资产负债率过高且连年亏损的"僵尸企业"市场出清，通过推动各种创新资源和创新要素向高生产率企业转移，优化产业内部结构调整，加速创新质量提升，促使制造业实现创新驱动发展。

有效的制度设计是进口竞争压力促进技术创新水平提升的有力保障。在对外扩大开放的同时，应积极发挥市场在资源配置中的决定性作用，通过产业内部的"创造性破坏"机制，推动进口竞争加剧过程中优质企业的创新胜出和落后企业的淘汰退出，从而实现整个行业的创新质量提升。

### 7.2.2 优化进口结构，丰富进口种类，加大高质量中间品进口力度

中间品进口能显著促进企业创新规模扩大，尤为重要的是中间品进口种类能够显著提升企业创新质量。为了增强国内国际两个市场、两种资源联动效应，应持续提高中间品进口便利化水平，通过线上、线下多种方式，降低企业对国外高质量中间品的搜寻和筛选成本及采购成本，同时针对国内短缺的高技术中间品采取多种进口便利化措施，提高企业在全世界范围内整合资源的能力，激发企业创新活力。并且有针对性地推动一般贸易企业、东部地区企业和高技术行业企业的中间品进口种类的扩张，促进企业创新质量提升。

考虑研发激励效应是中间品进口促进企业创新水平提升的重要渠道，且中国经济已进入高质量发展阶段，扩大中间品进口不能局限于单纯满足国内加工制造环节的需要，而应在刺激企业研发创新上发挥更重要的作用。充分发挥进口中间品对企业自主研发的激励效应，引导企业在扩大中间品进口种类的同时，增加切实关系企业研发的核心零配件和高端研发设备的进口，通过"后发优势"的发挥实现制造业技术升级和生产率跃升。

此外，美、欧、日等发达经济体经常出于政治目的对我国"卡脖子"的关键技术实施出口管制和技术封锁，因而各级政府和行业协会商会对于进口依赖度偏高的核心零部件和高端先进设备应保持高度重视与警惕，一方面积极通过对话和协商推动部分发达国家放宽对华出口管制，积极寻找替代贸易伙伴，推进上述中间品的进口多元化战略，减少对少数国家或少数跨国企业的过度依赖；另一方面，实施积极的财税政策重点支持和引导国内领先企业在相关领域开展技术攻关，早日打破发达国家的技术垄断。

### 7.2.3 持续优化出口产品结构，积极扩大高新技术产品出口

由于出口参与能显著促进企业创新规模的扩大，面对当前复杂的国内外形势，各级政府应继续推动全方位对外开放，稳定外贸出口。在通过提高出口通关效率、降低出口环节费用和提升口岸综合服务等举措推进通关便利化的同时，积极寻求更广泛的国际合作，以缓解贸易摩擦和减少由于部分国家

对华发起贸易制裁导致的损失。

出口仅显著促进高技术行业企业创新质量的结论意味着，在继续扩大出口的实践中，扩大"一揽子"出口总量的做法不符合创新质量提升的诉求，推动高技术行业企业的高质量产品出口对创新质量提升尤为关键。通过积极引导和帮扶高技术行业企业走出国门，推动高质量产品的对外输出，切实提高出口产品的国际竞争力，驱动出口贸易转型升级，在推动制造业迈向全球价值链中高端的同时实现"比较优势"陷阱的跨越。

依托"一带一路"积极输出高新技术产品。中国的高新技术产品与"一带一路"沿线部分发展中国家相比具有明显的技术优势，引导高技术企业向这些国家出口有助于实现创新成果的技术溢价和获取一定周期的垄断利润，进而驱动企业不断创新和技术升级，使出口的创新质量提升效应得到更有效的发挥。

### 7.2.4 不断完善创新政策和创新体系，激发企业自主创新活力

增加自主研发力度是企业更好地依托国际贸易实现技术升级的关键。积极开展自主研发的创新企业能从国际贸易中获取更多的福利，并获得创新质量提升的正向循环和可持续发展。不断加大企业研发投入，延长企业自主创新持续时间，有助于放大国际贸易对企业技术创新的积极作用，推动企业技术创新水平由"量"的积累转向"质"的跃升。

各级政府应从长远的战略上谋划布局创新政策体系，侧重财务金融、税收优惠和法规管制等方面的举措，不断优化营商环境，减少市场交易成本和制度性成本，大力改善科技型企业融资环境，健全知识产权保护法治体系，为企业技术创新提供适宜的体制环境，适当通过政府采购引导国内企业进行基础研究和核心技术的攻关。同时，创新支持政策应优先采取间接的资金支持方式，如信用担保制度、创新人才和创新项目减免税、加速折旧税收抵免等，从而提高财政资金的使用效率。

对具有正向外部性的创新活动进行适当的政府补贴，有助于激励市场的创新行为。应进一步完善和优化政府补贴结构，调整激励方向逐步转向高质量技术创新成果和高附加值产品出口，减少企业为迎合创新追赶战略采取的策略

性创新，同时应避免企业对政策性资源的过度依赖和自主创新动力的弱化。

### 7.2.5 通过靶向施策增强区域间和企业间创新发展的协同性和平衡性

结合区域创新发展优势和特色，因地制宜实施差异化的贸易开放和创新激励政策。我国东部地区的贸易开放程度相对较高，科技创新能力优势明显，当地政府应进一步完善市场竞争机制和研发激励机制，通过国外进口和国内竞争的压力倒逼优质企业进行研发创新；积极引导高技术企业扩大出口的同时，支持部分高技术行业的龙头企业进行基础研究和重大核心技术的攻关，推动东部沿海地区高技术产业集群和创新企业集群的形成，助推东部地区实现创新引领功能。而中西部地区的贸易开放程度相对较低，科技创新总体水平较为落后，所以应适当采取创新跟随策略，立足于地方产业基础和优势，通过扩大中间品进口或承接东部地区产业转移的形式积极引进国外和东部地区的高技术零部件和先进设备，通过技术吸收实现技术升级；同时结合地方自然禀赋优势和初具规模的产业集群优势，着重开展与当地知识结构相匹配的创新活动。

结合企业的生产率水平、经营规模、贸易方式和所处行业的技术水平，实施有针对性的创新激励政策。高生产率企业在推动核心技术突破方面扮演着重要角色，应积极发挥这些企业在科技创新方面的排头兵作用。中小企业既是我国国民经济的重要组成部分，也是创新活动异常活跃的主体，但抵抗外部风险能力相对较差，开拓国际市场的成本相对较高，所以应积极发挥各类行业协会和外贸协会的作用，助力中小企业积极融入国际市场。对不同类型的企业予以精准的创新政策导向，从"技术吸收推动"和"产品需求侧拉动"两个方面发力，助推企业创新和技术升级。

# 参考文献

[1] ABADIE A，DRUKKER D，HERR J L，et al. Implementing matching estimators for average treatment effects in stata[J]. Stata Journal，2004，4（3）：290-311.

[2] AGHION P，BLOOM N，BLUNDELL R，et al. Competition and innovation：an inverted-u relationship[J]. Quarterly Journal of Economics，2005，120（2）：701-728.

[3] AGHION P，BERGEAUD A，LEQUIEN M，et al. The impact of exports on innovation：theory and evidence[R]. NBER Working Paper，No. 24600，2018.

[4] AGHION P，BLUNDELL R，GRIFFITH R，et al. The effects of entry on incumbent innovation and productivity[J]. Review of Economics and Statistics，2009，91（1）：20-32.

[5] ALVAREZ R，LÓPEZ R A. Exporting and performance：evidence from chilean plants[J]. Canadian Journal of Economics，2005，38（4）：1384-1400.

[6] AMITI M，KHANDELWAL A K. Import competition and quality upgrading[J]. Review of Economics and Statistics，2013，95（2）：476-490.

[7] AMITI M，KONINGS J. Trade liberalization，intermediate inputs and productivity：evidence from indonesia[J]. American Economic Review，2007，97（5）：1611-1638.

[8] ARROW K J. Economic welfare and the allocation of resources for invention[R]. in The Rate and Direction of Inventive Activity. Princeton：Princeton University Press，1962：609-626.

[9] ASSCHE A V，GANGNES B. Electronics production upgrading：is China exceptional?[J]. Applied Economics Letters，2010，17（5）：477-482.

[10] AUGIER P, CADOT O, DOVIS M. Imports and TFP at the firm level: the role of absorptive capacity[J]. Canadian Journal of Economics, 2013, 46(3): 956-981.

[11] AUTOR D, DORN D, HANSON G H, et al. Foreign competition and domestic innovation: evidence from US patents[J]. American Economic Review: Insights, 2020, 2(3): 357-374.

[12] AW B Y, ROBERTS M J, XU D Y. R&D investment, exporting and productivity dynamics[J]. American Economic Review, 2011, 101(4): 1312-1344.

[13] BARON R M, KENNY D A. The moderator-mediator variable distinction in social psychological research: conceptual, strategic and statistical considerations[J]. Journal of Personality and Social Psychology, 1986, 51(6): 1173-1182.

[14] BAS M. Input-trade liberalization and firm export decisions: evidence from argentina[J]. Journal of Development Economics, 2012, 97(2): 481-493.

[15] BAS M, STRAUSS-KAHN V. Does importing more inputs raise exports? firm-level evidence from france[J]. Review of World Economics, 2014, 150(2): 241-275.

[16] BAS M, STRAUSS-KAHN V. Input-trade liberalization, export prices and quality upgrading[J]. Journal of International Economics, 2015, 95(2): 250-262.

[17] BERNARD A B, EATON J, JENSEN J B, et al. Plants and productivity in international trade[J]. American Economic Review, 2003, 93(4): 1268-1290.

[18] BLOOM N, DRACA M, VAN REENEN J. Trade induced technical change? the impact of Chinese imports on innovation, IT and productivity[J]. Review of Economic Studies, 2016, 83(1): 87-117.

[19] BLOOM N, ROMER P M, TERRY S J, et al. A trapped-factors model

of innovation[J]. American Economic Review, 2013, 103（3）: 208-213.

[20] BLUNDELL R, GRIFFITH R, VAN REENEN J. Market share, market value and innovation in a panel of british manufacturing firms[J]. Review of Economic Studies, 1999, 66（3）: 529-554.

[21] BRANDT L, VAN BIESEBROECK J, WANG L, et al. WTO accession and performance of Chinese manufacturing firms[J]. American Economic Review, 2017, 107（9）: 2784-2820.

[22] BRANDT L, VAN BIESEBROECK J, ZHANG Y. Creative accounting or creative destruction? firm-level productivity growth in Chinese manufacturing[J]. Journal of Development Economics, 2012, 97（2）: 339-351.

[23] BRANSTETTER L, LI G, REN M. Picking winners? government subsidies and firm productivity in China[J]. Journal of Comparative Economics, 2023, 51（4）: 1186-1199.

[24] BUSTOS P. Trade liberalization, exports and technology upgrading: evidence on the impact of MERCOSUR on argentinian firms[J]. American Economic Review, 2011, 101（1）: 304-340.

[25] CANEPA A, STONEMAN P. Financial constraints to innovation in the UK: evidence from CIS2 and CIS3[J]. Oxford Economic Papers, 2008, 60（4）: 711-730.

[26] CHEN N, IMBS J, SCOTT A. The dynamics of trade and competition[J]. Journal of International Economics, 2009, 77（1）: 50-62.

[27] CLERIDES S K, LACH S, TYBOUT J R. Is learning by exporting important? micro-dynamic evidence from Colombia, Mexico and Morocco[J]. Quarterly Journal of Economics, 1998, 113（3）: 903-947.

[28] COE D T, HELPMAN E. International R&D spillovers[J]. European Economic Review, 1995, 39（5）: 859-887.

[29] COHEN W M, LEVINTHAL D A. Absorptive capacity: a new perspective on learning and innovation[J]. Administrative Science Quarterly, 1990,

35（1）: 128-152.

[30] COLANTONE I, CRINÒ R. New imported inputs, new domestic products[J]. Journal of International Economics, 2014, 92（1）: 147-165.

[31] CRESPI G, CRISCUO LO C, ASKEL J H. Productivity, exporting and the learning by exporting hypothesis: direct evidence from UK firms[J]. University of London Working Paper, No.559, 2006.

[32] DAI M, MAITRA M, YU M. Unexceptional exporter performance in China? the role of processing trade[J]. Journal of Development Economics, 2016, 121, 177-189.

[33] DE LOECKER J. Do exports generate higher productivity? evidence from slovenia[J]. Journal of International Economics, 2007, 73（1）: 69-98.

[34] DE LOECKER J, GOLDBERG P K, KHANDELWAL A K, et al. Prices, markups and trade reform[J]. Econometrica, 2016, 84（2）: 445-510.

[35] DHINGRA S. Trading away wide brands for cheap brands[J]. American Economic Review, 2013, 103（6）: 2554-2584.

[36] DING S, SUN P, JIANG W. The effect of import competition on firm productivity and innovation: does the distance to technology frontier matter?[J]. Oxford Bulletin of Economics Statistics, 2016, 78（2）: 197-227.

[37] ETHIER W J. National and international returns to scale in the modern theory of international trade[J]. American Economic Review, 1982, 72（3）: 389-405.

[38] FAN H, LAI E, QI H. Trade liberalization and firms' export performance in China: theory and evidence[J]. Journal of Comparative Economics, 2019, 47（3）: 640-668.

[39] FAN H, LI Y A, YEAPLE S R. Trade liberalization, quality and export prices[J]. Review of Economics and Statistics, 2015, 97（5）: 1033-1051.

[40] FAN H, GAO X, LI Y A, et al. Trade liberalization and markups: micro evidence from China[J]. Journal of Comparative Economics, 2018, 46 (1): 103-130.

[41] FENG L, LI Z, SWENSON D L. The connection between imported intermediate inputs and exports: evidence from Chinese firms[J]. Journal of International Economics, 2016, 101, 86-101.

[42] FERNANDES A M, PAUNOV C. Does trade stimulate product quality upgrading?[J]. Canadian Journal of Economics, 2013, 46(4): 1232-1264.

[43] FIORINI M, SANFILIPPO M, SUNDARAM A. Trade liberalization, roads and firm productivity[J]. Journal of Development Economics, 2021, 153, 102712.

[44] FU T. Do Economic institutions matter for trade liberalization? evidence from China's open door policy[J]. Research in International Business and Finance, 2021, 55, 101330.

[45] FU Q, ZHANG T, LI Y. Trade liberalization induced profitability enhancement? the impact of intermediate input imports on firm profitability[J]. Journal of Asian Economics, 2021, 75, 101328.

[46] GE Y, LAI H, ZHU S C. Intermediates imports and gains from trade liberalization[J]. Michigan State University Mimeo, 2011.

[47] GEROSKI P A. Market structure, corporate performance and innovative activity[M]. Oxford: Oxford University Press, 1995.

[48] GLAESER E L, MARÉ D C. Cities and skills[J]. Journal of Labor Economics, 2001, 19(2): 316-342.

[49] GOLDBERG P K, KHANDELWAL A K, PAVCNIK N, et al. Trade liberalization and new imported inputs[J]. American Economic Review, 2009, 99(2): 494-500.

[50] GOLDBERG P K, KHANDELWAL A K, PAVCNIK N, et al. Imported intermediate inputs and domestic product growth: evidence from India[J].

Quarterly Journal of Economics, 2010, 125（4）: 1727-1767.

[51] GORODNICHENKO Y, SVEJNAR J, TERRELL K. Globalization and innovation in emerging markets[J]. American Economic Journal: Macroeconomics, 2010, 2（2）: 194-226.

[52] GROSSMAN G M, HELPMAN E. Quality ladders and product cycles[J]. Quarterly Journal of Economics, 1991, 106（2）: 557-586.

[53] HALPERN L, KOREN M, SZEIDL A. Imported inputs and productivity[J]. American Economic Review, 2015, 105（12）: 3660-3703.

[54] HANLEY A, PÉREZ J M. Are newly exporting firms more innovative? findings from matched spanish innovators[J]. Economics Letters, 2012, 116（2）: 217-220.

[55] IACOVONE L. The better you are the stronger it makes you: evidence on the asymmetric impact of liberalization[J]. Journal of Development Economics, 2012, 99（2）: 474-485.

[56] KASAHARA H, LAPHAM B. Productivity and the decision to import and export: theory and evidence[J]. Journal of International Economics, 2013, 89（2）: 297-316.

[57] KASAHARA H, RODRIGUE J. Does the Use of imported intermediates increase productivity? plant-level evidence[J]. Journal of Development Economics, 2008, 87（1）: 106-118.

[58] KRISHNA P, MITRA D. Trade liberalization, market discipline and productivity growth: new evidence from India[J]. Journal of Development Economics, 1998, 56（2）: 447-462.

[59] Krugman P R. A Model of Innovation, Technology Transfer, and the World Distribution of Income[J]. Journal of Political Economy, 1979a, 87（2）: 253-266.

[60] KRUGMAN P R. Increasing returns, monopolistic competition and international trade[J]. Journal of International Economics, 1979b, 9（4）:

469-479.

[61] KRUGMAN, P R. Scale economies, product differentiation and the pattern of trade[J]. American Economic Review, 1980, 70(5): 950-959.

[62] LERNER J. The importance of patent scope: an empirical analysis[J]. Rand Journal of Economics, 1994, 25(2): 319-333.

[63] LEVINSOHN J. Testing the imports-as-market-discipline hypothesis[J]. Journal of International Economics, 1993, 35(1): 1-22.

[64] LILEEVA A, TREFLER D. Improved access to foreign markets raises plant-level productivity⋯ for some plants[J]. Quarterly Journal of Economics, 2010, 125(3): 1051-1099.

[65] LIU Q, LU R, LU Y, et al. Import competition and firm innovation: evidence from China[J]. Journal of Development Economics, 2021, 151, 102650.

[66] LIU Q, QIU L D. Intermediate input imports and innovations: evidence from Chinese firms' patent filings[J]. Journal of International Economics, 2016, 103, 166-183.

[67] LIU R, ROSELL C. Import competition, multi-product firms and basic innovation[J]. Journal of International Economics, 2013, 91(2): 220-234.

[68] LU Y, NG T. Do imports spur incremental innovation in the south?[J]. China Economic Review, 2012, 23(4): 819-832.

[69] MARKUSEN J R. Trade in producer services and in other specialized intermediate inputs[J]. American Economic Review, 1989, 79(1): 85-95.

[70] MELITZ M J. The impact of trade on intra-industry reallocations and aggregate industry productivity[J]. Econometrica, 2003, 71(6): 1695-1725.

[71] MELITZ M J, OTTAVIANO G I P. Market size, trade and productivity[J]. Review of Economic Studies, 2008, 75(1): 295-316.

[72] MUENDLER M A. Trade, technology and productivity: a study of brazilian manufacturers, 1986—1998[R]. University of California, CESIFO Working Paper, No. 1148, 2004.

[73] OLLEY G S, PAKES A. The dynamics of productivity in the telecommunications equipment industry[J]. Econometrica, 1996, 64(6): 1263-1297.

[74] PAKES A, GRILICHES Z. Patents and R&D at the firm level: a first report[J]. Economics Letters, 1980, 5(4): 377-381.

[75] PARK A, YANG D, SHI X, et al. Exporting and firm performance: Chinese exporters and the asian financial crisis[J]. Review of Economics and Statistics, 2010, 92(4): 822-842.

[76] ROSENBAUM P R, RUBIN D B. The central role of the propensity score in observational studies for causal effects[J]. Biometrika, 1983, 70(1): 41-55.

[77] ROSENBAUM P R, RUBIN D B. Constructing a control group using multivariate matched sampling methods that incorporate the propensity score[J]. American Statistician, 1985, 39(1): 33-38.

[78] SALOMON R M, SHAVER J M. Learning by exporting: new insights from examining firm innovation[J]. Journal of Economics and Management Strategy, 2005, 14(2): 431-460.

[79] SCHOR A. Heterogeneous productivity response to tariff reduction: evidence from brazilian manufacturing firms[J]. Journal of Development Economics, 2004, 75(2): 373-396.

[80] SHU P, STEINWENDER C. The impact of trade liberalization on firm productivity and innovation[J]. Innovation Policy and the Economy, 2019, 19, 39-68.

[81] SOLOW R M. Technical change and the aggregate production function[J]. Review of Economics and Statistics, 1957, 39(3): 312-320.

[82] TESHIMA. Import competition and innovation at the plant level: evidence

from mexico[J]. Columbia University mimeo，2009.

[83] TOPALOVA P，KHANDELWAL A. Trade liberalization and firm productivity：the case of India[J]. Review of Economics and Statistics，2011，93（3）：995-1009.

[84] UNCTAD. World investment report 2013：global value chains：investment and trade for development[R]. Geneva：United Nations Conference on Trade and Development，2013.

[85] VAN BIESEBROECK J. Revisiting some productivity debates[R]. NBER Working Paper，No. 10065，2003.

[86] VAN BIESEBROECK J. Exporting raises productivity in sub-saharan african manufacturing firms[J]. Journal of International Economics，2005，67（2）：373-391.

[87] VERNON R. International investment and international trade in the product cycle[J]. Quarterly Journal of Economics，1966，80（2）：190-207.

[88] WEI S，XIE Z，ZHANG X. From "Made in China" to "Innovated in China"：necessity，prospect and challenges[J]. Journal of Economic Perspectives，2017，31（1）：49-70.

[89] YU M. Processing Trade，tariff reductions and firm productivity：evidence from Chinese firms[J]. Economic Journal，2015，125（585）：943-988.

[90] ZHOU D，PENG J，GAO X. Examining export trade and corporate innovation：a multiphase difference-in-differences method[J]. China Journal of Accounting Research，2021，14（2）：207-230.

[91] 安同良，魏婕，舒欣. 中国制造业企业创新测度：基于微观创新调查的跨期比较[J]. 中国社会科学，2020（3）：99-122，206.

[92] 蔡地，万迪昉. 制度环境影响企业的研发投入吗?[J]. 科学学与科学技术管理，2012，33（4）：121-128.

[93] 陈昊，李俊丽，陈建伟. 中间品进口来源地结构与企业加成率：理论模型与经验证据[J]. 国际贸易问题，2020（4）：35-50.

[94] 陈梅，周申. 进口中间产品质量与企业生产率：基于广义倾向得分匹配

的经验分析 [J]. 经济经纬，2017，34（4）：62-67.

[95] 陈平，郭敏平. 中间品进口来源地与中国企业全要素生产率：基于贸易网络地位的研究 [J]. 国际贸易问题，2020（11）：45-61.

[96] 陈维涛，严伟涛，庄尚文. 进口贸易自由化、企业创新与全要素生产率 [J]. 世界经济研究，2018（8）：62-73.

[97] 陈晓华，刘慧，张若洲. 高技术复杂度中间品进口会加剧制造业中间品进口依赖吗?[J]. 统计研究，2021，38（4）：16-29.

[98] 陈钊，熊瑞祥. 比较优势与产业政策效果：来自出口加工区准实验的证据 [J]. 管理世界，2015（8）：67-80.

[99] 程凯，杨逢珉. 贸易便利化与中国企业进口中间品质量升级 [J]. 经济评论，2020（5）：82-97.

[100] 楚明钦，陈启斐. 中间品进口、技术进步与出口升级 [J]. 国际贸易问题，2013（6）：27-34.

[101] 崔静波，张学立，庄子银，等. 企业出口与创新驱动：来自中关村企业自主创新数据的证据 [J]. 管理世界，2021，37（1）：6，76-87.

[102] 戴觅，余淼杰. 企业出口前研发投入、出口及生产率进步：来自中国制造业企业的证据 [J]. 经济学（季刊），2012，11（1）：211-230.

[103] 董艳梅，朱英明. 高铁建设能否重塑中国的经济空间布局：基于就业、工资和经济增长的区域异质性视角 [J]. 中国工业经济，2016（10）：92-108.

[104] 樊纲，王小鲁，朱恒鹏. 中国市场化指数：各地区市场化相对进程2011年报告 [M]. 北京：经济科学出版社，2011.

[105] 樊海潮，张丽娜. 贸易自由化、成本加成与企业内资源配置 [J]. 财经研究，2019，45（5）：139-152.

[106] 方杰，温忠麟，梁东梅，等. 基于多元回归的调节效应分析 [J]. 心理科学，2015，38（3）：715-720.

[107] 方明朋，廖涵. 中间品进口竞争、供应链联系与供应企业成本加成率 [J]. 世界经济研究，2022（10）：55-71，136.

[108] FEENSTRA R C，李志远，余淼杰. 不完全信息条件下的出口与信贷约

束：来自中国的理论与证据[J].财经研究，2017，43（5）：44-64.

[109] 高奇正，张建清，李舒婷.投入贸易自由化、偏向性技术进步与企业生产率[J].经济科学，2022（05）：31-43.

[110] 高云舒，尹斯斯，黄寰.出口贸易自由化、企业异质性与出口企业产品配置[J].世界经济研究，2021（1）：47-61，135.

[111] 耿强，吕大国.出口学习、研发效应与企业生产率提升：来自中国制造业企业的经验证据[J].科研管理，2015，36（6）：137-144.

[112] 耿晔强，郑超群.中间品贸易自由化、进口多样性与企业创新[J].产业经济研究，2018（2）：39-52.

[113] 龚刚，魏熙晔，杨先明，等.建设中国特色国家创新体系 跨越中等收入陷阱[J].中国社会科学，2017（8）：61-86，205.

[114] 龚静，尹忠明，何悦.贸易开放、产品类型与企业出口产品质量升级[J].国际商务（对外经济贸易大学学报），2023（06）：95-112.

[115] 郭冬梅，郭涛，李兵.进口与企业科技成果转化：基于中国专利调查数据的研究[J].世界经济，2021，44（5）：26-52.

[116] 郭进，白俊红.高速铁路建设如何带动企业的创新发展：基于Face-to-Face理论的实证检验[J].经济理论与经济管理，2019（5）：60-74.

[117] [美]郭申阳，[美]弗雷泽.倾向值分析：统计方法与应用[M].郭志刚，巫锡炜译.重庆：重庆大学出版社，2012.

[118] 洪俊杰，詹迁羽.中欧班列对我国企业出口的影响研究[J].国际贸易问题，2024（04）：28-46.

[119] 胡翠，林发勤，唐宜红.基于"贸易引致学习"的出口获益研究[J].经济研究，2015，50（3）：172-186.

[120] 胡沅洪.环境规制、中间品进口与制造业企业出口技术复杂度研究[D].上海：上海财经大学，2023.

[121] 黄群慧.中国共产党领导社会主义工业化建设及其历史经验[J].中国社会科学，2021（7）：4-20，204.

[122] 黄先海，卿陶.出口贸易成本与企业创新：理论机理与实证检验[J].世界经济研究，2020（5）：3-16，135.

[123] 纪月清，程圆圆，张兵兵.进口中间品、技术溢出与企业出口产品创新[J].产业经济研究，2018（5）：54-65.

[124] 简泽，谭利萍，吕大国，等.市场竞争的创造性、破坏性与技术升级[J].中国工业经济，2017（5）：16-34.

[125] 简泽，张涛，伏玉林.进口自由化、竞争与本土企业的全要素生产率：基于中国加入WTO的一个自然实验[J].经济研究，2014，49（8）：120-132.

[126] 康志勇.出口贸易与自主创新：基于我国制造业企业的实证研究[J].国际贸易问题，2011（2）：35-45.

[127] 李贲，吴利华.开发区设立与企业成长：异质性与机制研究[J].中国工业经济，2018（4）：79-97.

[128] 李兵，岳云嵩，陈婷.出口与企业自主技术创新：来自企业专利数据的经验研究[J].世界经济，2016，39（12）：72-94.

[129] 李丹，陈瑾，孙楚仁.进口贸易自由化与企业雇佣性别结构[J].世界经济文汇，2023（06）：20-36.

[130] 李焕杰，张远.中间品贸易自由化、经济空间集聚与企业生产率[J].产业经济研究，2021（3）：84-98.

[131] 李宏兵，谷均怡，赵春明.进口中间品质量、成本加成与中国企业持续出口[J].经济与管理研究，2021，42（6）：26-42.

[132] 李平，简泽，江飞涛，等.中国经济新常态下全要素生产率支撑型模式转变[J].数量经济技术经济研究，2019，36（12）：3-20.

[133] 李文瑛.我国出口导向型贸易战略的效应分析[J].国际商务（对外经济贸易大学学报），2008（1）：12-17.

[134] 李小平，彭书舟，肖唯楚.中间品进口种类扩张对企业出口复杂度的影响[J].统计研究，2021，38（4）：45-57.

[135] 李玉红，王皓，郑玉歆.企业演化：中国工业生产率增长的重要途径[J].经济研究，2008（6）：12-24.

[136] 李波，杨先明.贸易便利化与企业生产率：基于产业集聚的视角[J].世界经济，2018，41（3）：54-79.

[137] 李华锋.融资约束、贸易自由化与中国企业进口多元化[D].北京：北京外国语大学，2017.

[138] 李丽霞，李培鑫，张学良.开发区政策与中国企业"出口—生产率悖论"[J].经济学动态，2020（7）：65-83.

[139] 李平，史亚茹.进口贸易、生产率与企业创新[J].国际贸易问题，2020（3）：131-146.

[140] 李锡元，祝金龙，黄耀文.知识交流与共享的障碍与对策研究[J].科技管理研究，2006（09）：113-115.

[141] 李晓庆，魏浩.进口中间品是否会促进企业增加人力资本投资?[J].世界经济研究，2019（8）：42-59，135.

[142] 廖进球，巫雪芬.高铁开通对企业专利质量的影响：来自上市公司的证据[J].当代财经，2021（3）：3-14.

[143] 廖进球，巫雪芬，简泽.进口中间品种类、营商环境与企业技术创新[J].国际商务（对外经济贸易大学学报），2021（3）：48-64.

[144] 林令涛.进口中间品对企业生存时间的影响分析[D].大连：大连理工大学，2018.

[145] 林敏.知识转移、创新链和创新政策研究[M].北京：经济科学出版社，2018.

[146] 林薛栋，魏浩，李飚.进口贸易自由化与中国的企业创新：来自中国制造业企业的证据[J].国际贸易问题，2017（2）：97-106.

[147] 刘海洋，林令涛，高璐.进口中间品与出口产品质量升级：来自微观企业的证据[J].国际贸易问题，2017（2）：39-49.

[148] 刘慧.中间品进口技术含量与制造业产品国内增加值率[J].国际贸易问题，2021（6）：96-109.

[149] 刘睿雯，徐舒，张川川.贸易开放、就业结构变迁与生产率增长[J].中国工业经济，2020（6）：24-42.

[150] 刘京军，鲁晓东，张健.中国进口与全球经济增长：公司投资的国际证据[J].经济研究，2020，55（8）：73-88.

[151] 刘信恒，刘信兴.数字产品进口如何影响企业出口产品质量[J].国际商

务（对外经济贸易大学学报），2023（6）：41-57.

[152] 刘依凡，杨继军，于津平.中间品贸易自由化与制造业企业福利损失：基于有效市场势力的视角[J].财贸经济，2023，44（09）：159-176.

[153] 刘政文，马弘.中间品贸易自由化、市场结构与企业成本加成[J].经济评论，2019（6）：109-133.

[154] 刘竹青，盛丹.贸易自由化、产品生命周期与中国企业的出口产品结构[J].经济学（季刊），2021，21（1）：263-284.

[155] 罗长远，张军.中国出口扩张的创新溢出效应：以泰国为例[J].中国社会科学，2012（11）：57-80，204-205.

[156] 罗长远，张泽新.出口和研发活动的互补性及其对生产率的影响：来自中国上市企业的证据[J].数量经济技术经济研究，2020，37（7）：134-154.

[157] 吕大国，沈坤荣，简泽."出口学习效应"的再检验：基于贸易类型的实证分析[J].经济评论，2016（2）：124-136.

[158] 吕越，陈帅，盛斌.嵌入全球价值链会导致中国制造的"低端锁定"吗?[J].管理世界，2018，34（8）：11-29.

[159] 马妍妍，俞毛毛.出口企业更"绿色"吗?：基于上市公司绿色投资行为的分析[J].经济经纬，2020，37（3）：71-80.

[160] 毛其淋.贸易自由化、异质性与企业动态：对中国制造业企业的经验研究[D].天津：南开大学，2014.

[161] 毛其淋，盛斌.贸易自由化、企业异质性与出口动态：来自中国微观企业数据的证据[J].管理世界，2013（03）：48-65，66-67，68，

[162] 毛其淋，许家云.中国企业对外直接投资是否促进了企业创新[J].世界经济，2014，37（8）：98-125.

[163] 毛其淋，许家云.政府补贴对企业新产品创新的影响：基于补贴强度"适度区间"的视角[J].中国工业经济，2015（6）：94-107.

[164] 毛其淋，许家云.中间品贸易自由化与制造业就业变动：来自中国加入WTO的微观证据[J].经济研究，2016，51（1）：69-83.

[165] 毛其淋，许家云.中间品贸易自由化提高了企业加成率吗?：来自中国

的证据 [J]. 经济学（季刊），2017，16（2）：485-524.

[166] 毛其淋，许家云. 贸易自由化与中国企业出口的国内附加值 [J]. 世界经济，2019，42（1）：3-25.

[167] 毛其淋，杨琦. 出口贸易方式转变与企业创新 [J]. 世界经济文汇，2024（2）：1-17.

[168] 聂辉华，谭松涛，王宇锋. 创新、企业规模和市场竞争：基于中国企业层面的面板数据分析 [J]. 世界经济，2008（07）：57-66.

[169] 潘彤，刘斌，顾聪. 跨境电商平台与企业出口产品质量升级：基于阿里巴巴国际站大数据平台的分析 [J]. 世界经济与政治论坛，2024（03）：138-156.

[170] 彭冬冬，杜运苏. 中间品贸易自由化与出口贸易附加值 [J]. 中南财经政法大学学报，2016（6）：92-101.

[171] 彭书舟，李小平，牛晓迪. 进口贸易自由化是否影响了企业产出波动？[J]. 财经研究，2020，46（4）：125-139.

[172] 彭书舟，张胄. 中间品贸易自由化如何影响中国企业出口波动？[J]. 财贸研究，2022，33（09）：1-14.

[173] 钱学锋，范冬梅，黄汉民. 进口竞争与中国制造业企业的成本加成 [J]. 世界经济，2016，39（3）：71-94.

[174] 钱学锋，王菊蓉，黄云湖，等. 出口与中国工业企业的生产率：自我选择效应还是出口学习效应？[J]. 数量经济技术经济研究，2011，28（2）：37-51.

[175] 曲如晓，李婧，高利. 进口对中国企业创新的影响研究 [J]. 国际商务（对外经济贸易大学学报），2021（2）：45-58.

[176] 阮敏，简泽. 国内市场竞争、全要素生产率与国际贸易 [J]. 科研管理，2020，41（6）：109-118.

[177] 邵朝对，苏丹妮，王晨. 服务业开放、外资管制与企业创新：理论和中国经验 [J]. 经济学（季刊），2021，21（4）：1411-1432.

[178] 沈程翔. 中国出口导向型经济增长的实证分析：1977—1998[J]. 世界经济，1999（12）：26-30.

[179] 沈国兵，于欢.中国企业出口产品质量的提升：中间品进口抑或资本品进口[J].世界经济研究，2019（12）：31-46，131-132.

[180] 沈琪，周世民.进口关税减免与企业全要素生产率：来自中国的微观证据[J].管理世界，2014（9）：174-175.

[181] 盛斌，毛其淋.进口贸易自由化是否影响了中国制造业出口技术复杂度[J].世界经济，2017，40（12）：52-75.

[182] 施炳展，张雅睿.贸易自由化与中国企业进口中间品质量升级[J].数量经济技术经济研究，2016，33（9）：3-21.

[183] 史青，李平，宗庆庆.出口中学：基于企业研发策略互动的视角[J].世界经济，2017，40（6）：72-97.

[184] 宋跃刚，郑磊.中间品进口、自主创新与中国制造业企业出口产品质量升级[J].世界经济研究，2020（11）：26-44，135.

[185] 孙楚仁，陈瑾，李丹.贸易自由化、行业比较优势与企业生产率[J].世界经济与政治论坛，2019（3）：1-26.

[186] 孙楚仁，李丹，陈瑾.贸易自由化与企业雇佣技能结构[J].科研管理，2021，42（7）：100-107.

[187] 孙瑾，汪俊波，张礼卿.贸易自由化、企业生产网络与绿色贸易[J].经济科学，2024（2）：5-27.

[188] 孙文娜，毛其淋.进口关税减免、企业异质性与新产品创新：基于中国企业层面的分析[J].中南财经政法大学学报，2015（6）：100-108.

[189] 郐鹿峰，闫林楠.进口投入品与企业生产率：基于国内产业关联视角[J].世界经济文汇，2024（02）：37-54.

[190] 田巍，余淼杰.中间品贸易自由化和企业研发：基于中国数据的经验分析[J].世界经济，2014，37（6）：90-112.

[191] 涂远芬.贸易便利化与中国多产品企业出口调整[J].当代财经，2020（12）：99-111.

[192] 王华，赖明勇，柴江艺.国际技术转移、异质性与中国企业技术创新研究[J].管理世界，2010（12）：131-142.

[193] 王平，曹亮，祝文娟，等.进口关税削减与企业全要素生产率：基于

中国企业微观数据的实证研究[J]. 宏观经济研究, 2015 (8): 48-64, 116.

[194] 王然, 燕波, 邓伟根. FDI对我国工业自主创新能力的影响及机制: 基于产业关联的视角[J]. 中国工业经济, 2010 (11): 16-25.

[195] 王赛. 贸易自由化、市场可达性与全要素生产率[D]. 杭州: 浙江大学, 2024.

[196] 王小鲁, 樊纲, 余静文. 中国分省份市场化指数报告 (2016)[M]. 北京: 社会科学文献出版社, 2017.

[197] 王雄元, 卜落凡. 国际出口贸易与企业创新: 基于 "中欧班列" 开通的准自然实验研究[J]. 中国工业经济, 2019 (10): 80-98.

[198] 王跃生, 吴国锋. 贸易自由化与中国的城乡收入差距: 基于地级城市面板数据的实证研究[J]. 国际贸易问题, 2019 (4): 64-75.

[199] 魏浩, 李翀, 赵春明. 中间品进口的来源地结构与中国企业生产率[J]. 世界经济, 2017, 40 (6): 48-71.

[200] 魏悦羚, 张洪胜. 进口自由化会提升中国出口国内增加值率吗: 基于总出口核算框架的重新估计[J]. 中国工业经济, 2019 (3): 24-42.

[201] 温忠麟, 叶宝娟. 中介效应分析: 方法和模型发展[J]. 心理科学进展, 2014, 22 (5): 731-745.

[202] 吴延兵. 中国哪种所有制类型企业最具创新性?[J]. 世界经济, 2012, 35 (6): 3-29.

[203] 吴朝阳, 陈雅. 企业出口、竞争效应与自主技术创新[J]. 当代财经, 2020 (8): 114-127.

[204] 徐保昌, 刘凤娟, 刘鹏程. 贸易自由化与企业利润: 来自中国制造业的经验证据[J]. 世界经济与政治论坛, 2019 (3): 27-43.

[205] 谢红军, 陈骁, 张正出. 贸易自由化、私人收益与管理效率: 理论及中国经验[J]. 世界经济, 2023, 46 (01): 216-244.

[206] 许家云, 毛其淋, 胡鞍钢. 中间品进口与企业出口产品质量升级: 基于中国证据的研究[J]. 世界经济, 2017 (3): 52-75.

[207] 许统生, 方玉霞. 进口产品种类与企业生产率[J]. 中南财经政法大学学

报，2020（1）：136-146，160.

[208] 杨晓云.进口中间产品多样性与企业产品创新能力：基于中国制造业微观数据的分析[J].国际贸易问题，2013（10）：23-33.

[209] 杨晓云，马霞.进口竞争与企业创新：基于中国制造业企业专利数据的证据[J].科技管理研究，2021，41（10）：28-37.

[210] 杨志浩.开放促就业：中间品贸易网络与企业劳动雇佣[J].国际经贸探索，2024，40（01）：57-70.

[211] 余娟娟，余东升.政府补贴、行业竞争与企业出口技术复杂度[J].财经研究，2018，44（3）：112-124.

[212] 余淼杰.中国的贸易自由化与制造业企业生产率[J].经济研究，2010，45（12）：97-110.

[213] 余淼杰，李乐融.贸易自由化与进口中间品质量升级：来自中国海关产品层面的证据[J].经济学（季刊）.2016，15（3）：1011-1028.

[214] 余淼杰，高恺琳.进口中间品和企业对外直接投资概率：来自中国企业的证据[J].经济学（季刊），2021，21（4）：1369-1390.

[215] 余淼杰，王霄彤.中国—东盟自由贸易协定和中国企业生产率[J].学术月刊，2021，53（3）：50-62.

[216] 余淼杰，解恩泽.中间投入贸易自由化与劳动力市场中企业市场势力研究[J].数量经济技术经济研究，2023，40（05）：92-112.

[217] 余淼杰，袁东.贸易自由化、加工贸易与成本加成：来自我国制造业企业的证据[J].管理世界，2016（9）：33-43，54.

[218] 余淼杰，智琨.进口自由化与企业利润率[J].经济研究，2016，51（8）：57-71.

[219] 余明桂，回雅甫，潘红波.政治联系、寻租与地方政府财政补贴有效性[J].经济研究，2010，45（3）：65-77.

[220] [美]约瑟夫·熊彼特.资本主义、社会主义与民主[M].吴良健译.北京：商务印书馆，2017.

[221] 岳文，韩剑.异质性企业、出口强度与技术升级[J].世界经济，2017，40（10）：48-71.

[222] 张凤云，梁双陆．企业集聚、进口多样性与成本加成[J]．南京审计大学学报，2020，17（6）：47-57．

[223] 张凤云，刘霞，梁双陆．进口中间投入品种类替代与企业创新[J]．国际商务（对外经济贸易大学学报），2020（6）：1-15．

[224] 张杰．进口对中国制造业企业专利活动的抑制效应研究[J]．中国工业经济，2015（7）：68-83．

[225] 张杰．政府创新补贴对中国企业创新的激励效应：基于U形关系的一个解释[J]．经济学动态，2020（6）：91-108．

[226] 张杰，李勇，刘志彪．出口与中国本土企业生产率：基于江苏制造业企业的实证分析[J]．管理世界，2008（11）：50-64．

[227] 张杰，李勇，刘志彪．出口促进中国企业生产率提高吗？：来自中国本土制造业企业的经验证据：1999—2003[J]．管理世界，2009（12）：11-26．

[228] 张杰，郑文平．全球价值链下中国本土企业的创新效应[J]．经济研究，2017，52（3）：151-165．

[229] 张杰，郑文平．创新追赶战略抑制了中国专利质量么？[J]．经济研究，2018，53（5）：28-41．

[230] 张杰，郑文平，陈志远，等．进口是否引致了出口：中国出口奇迹的微观解读[J]．世界经济，2014，37（6）：3-26．

[231] 张晴，于津平．贸易便利化能否提升中国企业产能利用率：来自"一带一路"沿线国家的证据[J]．商业经济与管理，2021（1）：72-84．

[232] 章韬，李世林，孙元．贸易自由化是否影响中国企业垂直一体化？[J]．世界经济研究，2019（2）：49-60，136．

[233] 赵驰，吴萱．贸易自由化对异质性企业技术创新的影响研究[J]．财经理论与实践，2024，45（01）：111-118．

[234] 赵春明，钟晓欢，班元浩．高水平开放下的税收治理：进口竞争与企业避税[J/OL]．世界经济，2024（06）：36-64[2024-06-26]．https://doi.org/10.19985/j.cnki.cassjwe.2024.06.002．

[235] 郑亚莉，王毅，郭晶．进口中间品质量对企业生产率的影响：不同层面

的实证[J]. 国际贸易问题，2017（6）：50-60.

[236] 中国社会科学院经济研究所课题组，黄群慧，原磊，等. 新征程推动经济高质量发展的任务与政策[J]. 经济研究，2023，58（09）：4-21.

[237] 钟腾龙，余淼杰. 外部需求、竞争策略与多产品企业出口行为[J]. 中国工业经济，2020（10）：119-137.

[238] 周记顺，洪小羽. 进口中间品、进口资本品与企业出口复杂度[J]. 国际贸易问题，2021（2）：48-62.

[239] 周茂，陆毅，符大海. 贸易自由化与中国产业升级：事实与机制[J]. 世界经济，2016，39（10）：78-102.

[240] 诸竹君，黄先海，王毅. 外资进入与中国式创新双低困境破解[J]. 经济研究，2020，55（5）：99-115.